Henrik Grotjahn

111 Orte in Münster, die man gesehen haben muss

111

emons:

Bibliografische Information der Deutschen Nationalbibliothek
Die Deutsche Nationalbibliothek verzeichnet diese Publikation in der Deutschen Nationalbibliografie; detaillierte bibliografische Daten sind im Internet über http://dnb.d-nb.de abrufbar.

MIX
Papier | Fördert gute Waldnutzung
FSC® C083411
www.fsc.org

Gestaltung: Eva Kraskes, nach einem
Konzept von Lübbeke | Naumann | Thoben
Kartografie: altancicek.design, www.altancicek.de
Kartenbasisinformationen aus Openstreetmap,
© OpenStreetMap-Mitwirkende, ODbL
Druck und Bindung: CPI – Clausen & Bosse, Leck
Printed in Germany 2023
ISBN 978-3-7408-0979-9

Vorwort

Willkommen in Münster! Lassen Sie mich raten: Sie denken jetzt an Fahrräder … Das greift jedoch entschieden zu kurz, denn die Stadt, in die ich mich vor über 20 Jahren verliebte und in der ich beinahe genauso lange lebte, hat so viel mehr zu bieten.

Sie können hier zum Bespiel den Dalai-Lama-Baum besuchen oder auf den Spuren von Hemingway trinken. Die Goethetafel inspizieren oder den bunten Kaldenhof bestaunen. Gemischte Gefühle beim Kiepenkerl haben. Mit Profis Rennrad fahren oder Moondog auf dem Friedhof eine Blume vorbeibringen. Gucken, wie schnell sich die Erde dreht oder ganz entspannt in ein Kunstwerk pinkeln. Ein beeindruckendes Vogelschutzgebiet erforschen oder die Elefanten im Zoo füttern. Und sich ein bisschen gruseln, denn wie Sie im Laufe der Kapitel erfahren werden, hat Münster auch viele Leichen im Keller – überall verteilt –, ganz und in Stücken.

Tja, und all das erfahren Sie am besten – ja, Sie haben natürlich recht – mit dem Fahrrad. In Münster sagt man dazu übrigens Leeze.

Jovele Grüße
Henrik Grotjahn

111 Orte

1 Die Aa

Ein falscher und ein echter Mord

Wenn man Münster alphabetisch sortiert, steht am Anfang naturgemäß: Aa. Der kleine Fluss prägt das Stadtbild zwar deutlich weniger als der nach ihr benannte und spätestens seit der »Tretboot-Lovestory« (siehe Ort 94) weltbekannte Aasee – flaniert man jedoch offenen Auges durch die Stadt, ist die Aa stets gegenwärtig.

Aus Richtung Roxel kommend, wird sie zunächst zum besagten, über zwei Kilometer langen Aasee angestaut, der der Stadt als Frischluftschneise sowie als beliebtes Naherholungsgebiet dient (Baden allerdings verboten!).

Vom See aus fließt die Aa weiter entlang der Überwasserkirche und dann rund 30 Kilometer kreuz und quer durch die Stadt, Wasserfall inklusive (siehe Ort 110), bis sie Münster in Richtung Greven verlässt und in die Ems mündet. Folgt man der Aa von der Kirche aus auf dem etwas versteckten und nicht immer zugänglichen, gleichermaßen jedoch wunderschönen Aa-Seitenweg, gelangt man zum Schauplatz eines Verbrechens: Ein weibliches Mordopfer wurde dort gefunden … Die zuständigen Ermittler hießen in diesem Fall allerdings Thiel und Boerne, der mutmaßliche Täter wurde »Hinkebein« genannt, und die Ausstrahlung des gleichnamigen »Tatorts« erfolgte im Jahr 2012.

Oft haben Fernsehkrimis jedoch einen realen Hintergrund, und der ist in diesem Fall ausgesprochen spektakulär: Im Jahr 1957 wurden in der Aa der Unter- und der Oberkörper einer männlichen Leiche entdeckt, die des Malers Hermann Rohrbach. Der Auftakt zu einem spektakulären Mordfall, dessen Ermittlungen schnell zu Rohrbachs Frau Maria führten – sie wurde vor dem Landgericht Münster in einem sehr einseitig geführten Indizienprozess (sie sollte den Kopf verbrannt haben) wegen Mordes zu lebenslänglicher Haft verurteilt. Dann tauchte in einem ausgetrockneten Tümpel der Kopf des Mannes auf, die Witwe wurde freigesprochen – und der Mörder von Hermann Rohrbach nie ermittelt …

Adresse Überwasserkirchplatz 4, 48143 Münster | **ÖPNV** Stadtbus 14, 15, 16, Haltestelle Domplatz | **Tipp** Die Diözesanbibliothek am Überwasserkirchplatz ist ein beliebtes Fotomotiv.

2 Die Aaseeterrassen

Gefühlt schon immer da

Ganz gleich, von welcher Seite man sich dem Aasee nähert: Die Aaseeterrassen sind ein echter Blickfang.

Die zuständigen Architekten beschreiben das Konzept in schönster Architektensprache zunächst eher nüchtern: »Die Aaseeterrassen bestehen aus einem Konglomerat verschiedener Nutzungsbereiche und artikulieren den Standort mit einer Selbstverständlichkeit, als hätte es den Ort schon immer so an dieser Stelle gegeben. Über die Zusammenkunft der neu definierten Funktionen durch die Gebäude und Außenräume wird dieser Teil des Ufers zur verdichteten Anlaufstelle und bietet neuartige Aufenthaltsmöglichkeiten für den Aasee und die Stadt Münster.« Die beiden entscheidenden Aspekte rund um die die Aaseeterrassen treffen sie damit allerdings auf den Punkt: eine neue Anlaufstelle, die zum Aufenthalt einlädt. Und die gefühlt schon immer da war. Denn Hand aufs Herz an die Älteren: Wann, schätzen Sie, wurde der Bereich umgestaltet? Die Antwort hat zumindest mich überrascht: 2006 bis 2007. Die Erinnerung daran, wie es dort vorher aussah? Eher verschwommen …

Denn allzu gut integriert sich die Anlage an und in den See. Egal ob schon im Vorbeifahren von der Adenauerallee ein Blick auf ihn erhascht wurde, man von der Annette-Allee die Stufen zum Wasser herabsteigt, von den »Giant Pool Balls« ohne Umwege heranflaniert oder von der Torminbrücke aus das Ganze im Panorama betrachtet – wie gesagt: Blickfang! Ganz zu schweigen von den neuen Möglichkeiten in bester Lage. Die ansässige Gastronomie genießt einen guten Ruf, die Treppenstufen laden zum Verweilen in der Sonne ein, wer mag, nimmt sich ein Tretboot – und die Atmosphäre beim Aaseeterrassenfest oder den AaSeerenaden inklusive Seebühne und Feuerwerk ist schon etwas ganz Besonderes.

Dafür gab es im Jahr 2011 übrigens auch direkt den Architekturpreis des Landes NRW. Warum denn erst 2011, fragt man sich da …

Adresse Annette-Allee 6, 48149 Münster | ÖPNV Stadtbus 2, 4, 10, Haltestelle Bismarckallee | Öffnungszeiten jederzeit zugänglich | Tipp In der Annette-Allee finden Sie einige der beeindruckendsten Villen Münsters.

3 Die Abstellgleise

Weg ins Nichts?

Manch Sonntagsausflügler, der auf seinem Spaziergang entlang des Kanals in Richtung Hiltrup gern einmal einen Abstecher in den Wald macht, mag sich schon die Augen gerieben haben. Denn es fühlt sich ein bisschen an wie der Anfang eines Abenteuerfilms. Man streift durch das Unterholz, Blätter rascheln, vielleicht liegt Nebel in der Luft? Ruft gerade gar ein Uhu? Und plötzlich tritt man schmerzhaft gegen etwas Massives, Metallisches.

Erst auf den zweiten Blick erkennt man, dass es sich um Bahngleise handelt. Denn sie sind von Moos überzogen, mit Blättern bedeckt, teils bereits wieder von jungen Bäumen überwuchert. Scheinbar verlassen. Hier ist in jedem Fall schon lange kein Zug mehr entlanggefahren. Man schaudert, fröstelt ein wenig und hält inne. Horcht. Ist da ein Rattern in der Ferne? Gar von einer Bahn? Betätigt der Lokführer just tatsächlich zur Warnung – oder gar zur Drohung – sein Horn? Kommt aus dem Nebel gleich ein Geisterzug angerauscht? In dieses aufgegebene Fleckchen Westfalens?

Der Leser muss an dieser Stelle – mit Bitte um Entschuldigung – enttäuscht werden. Keine Spukgeschichte, rätselhaft sind die vergessenen Gleise dennoch. Die Deutsche Bahn gab auf Anfrage der lokalen, in der Causa recherchierenden Tageszeitung zunächst an, es handle sich um ehemalige Abstellgleise für Güterwaggons, die erst vor einigen Jahren stillgelegt worden seien. Tatsache war jedoch: Die Gleise waren sicher schon mehr als 20 Jahre außer Betrieb. Aufklären konnte das Rätsel schließlich Wolfgang Fiegenbaum aus Münster, ehemals Präsident der Deutschen Gesellschaft für Eisenbahngeschichte. Er erklärte gegenüber der Zeitung, es handle sich bei den Gleisen um Teile der ersten Trasse der Münster-Hammer Eisenbahn-Gesellschaft, die 1848 zwischen den beiden Städten eröffnet, später dann zum Abstellgleis degradiert wurde – und noch heute Spaziergänger ein bisschen schaudern lässt.

Adresse am Dortmund-Ems-Kanal Höhe Musikerviertel, 48165 Münster-Hiltrup | ÖPNV Stadtbus 6, 9, Haltestelle Münster Hiltrup Bahnhof | Öffnungszeiten jederzeit zugänglich | Tipp Die Marktallee in Hiltrup ist eine mal ganz andere Alternative zu Münsters eigentlicher Innenstadt.

4 Die alte Trafostation

Neue Energie

Der alten Trafostation im Boniburger Wald bei Handorf (Baujahr 1929) wurde der Saft abgedreht. War die ehemalige Umspannstation über 80 Jahre lang wesentlicher Teil der Energieinfrastruktur des Gebiets und stand ständig – nicht nur sprichwörtlich, sondern mit satten 10.000 Volt – unter Strom, wurde sie durch die Umstellung der Verkabelung überflüssig und infolgedessen stillgelegt. Es drohte gar der Abriss, doch ein Mitarbeiter der Stadtwerke Münster hatte eine Idee: Wie wäre es denn, stattdessen dort einen Nistplatz für Vögel einzurichten? Die Eingebung fand sofort Gehör und wurde flugs im Rahmen eines Ausbildungsprojektes für die seinerzeit technischen Azubis des Energiebetriebs umgesetzt.

Die ehemalige Öffnung für die Stromleitungen wurde von ihnen zur Einflugschneise umfunktioniert, dahinter haben sie einen großen Nistkasten eingesetzt, den sie eigenhändig aus Zinkblech gefertigt und zum Schutz der Tiere zusätzlich mit Holz umrandet haben. Angenehmer Nebeneffekt, nicht nur für die potenziellen gefiederten Bewohner: Die Jungs konnten ihre neu erworbenen Fertigkeiten aus dem Ausbildungsbetrieb (messen, sägen, schleifen, feilen, bohren und lackieren) in einem realen und zugleich ökologisch hochgradig sinnvollen Projekt beweisen. Ein Sonderlob für das neue Vogelquartier gab es dafür laut den Stadtwerken vom städtischen Amt für Grünflächen und Umweltschutz, da ein zunehmender Mangel an Rückzugsorten für die heimischen Vogelarten zum Nestbau und zur Brut herrsche. Deswegen seien solch eigentlich unnatürlichen Quartiere bei Eulen oder auch Fledermäusen zunehmend beliebt.

Wer einmal auf einem Sonntagsspaziergang im Boniburger Wald entlang der Werse unterwegs ist, kann hier also nicht nur mit etwas Glück die heimische Tierwelt beobachten, sondern auch das neue Zuhause ein paar ihrer geflügelten Vertreter. Zurück zur Natur mal ganz anders – ein schönes Projekt!

Adresse Boniburg, 48157 Münster-Handorf | ÖPNV Stadtbus 4, 10, Haltestelle Kötterstraße, von dort zu Fuß erreichbar | Tipp Die Boniburgallee ist ein lohnenswertes Ziel für einen Spaziergang.

5 Die autofreie Siedlung

Nur Spielzeugautos erlaubt

Nahezu jeder zweite Großstadtbewohner hat noch immer ein eigenes Auto. Und da das die meiste Zeit nur rumsteht, braucht man dafür Parkplätze. Viele Parkplätze. Die wiederum kosten Geld, viel Geld. Und sie benötigen viel des eh schon raren, innerstädtischen Raums. Die Folge: zugeparkte Straßen und Innenhöfe statt Spielplätze für die Kinder.

Dass es auch anders gehen kann, demonstriert in Münster eins von bisher zwei bundesweiten Vorzeigeprojekten: die »Autofreie Siedlung Weißenburg e. V.« im Geistviertel. Vor knapp 20 Jahren entstanden, erfreut sie sich immer größerer Beliebtheit. Erst kürzlich ist die Erweiterung um 51 neue Wohnungen abgeschlossen worden, für die unter dem Motto »Ohne Auto, citynah, für jedes Alter« passende neue Mieter gesucht wurden. Denn das Besondere an der Weißenburg und der dahinterstehenden Idee des Bewohnervereins ist nicht nur, dass Fahrzeuge draußen bleiben sollen, sondern, darüber hinausgehend, dass man dort tatsächlich gemeinsam mit Menschen wohnen möchte, die sich bewusst für ein Leben ohne Auto entschieden haben. Hierzu verpflichtet man sich auch tatsächlich mit seiner Unterschrift unter dem Mietvertrag. Das ist zwar rechtlich nicht durchzusetzen, da die Nachfrage nach Wohnungen in der Weißenburg aber stets größer als das Angebot ist, hofft man, bei der Auswahl der Bewerber die passenden »Überzeugungstäter« zu finden. Irgendwie klar, dass es sich bei vielen um echte Fahrradenthusiasten handelt. Entsprechend das Bild auf den Straßen und Wegen der Siedlung: Fahrräder, so weit das Auge reicht, darunter Lastenräder, Kindertransporträder, Spezialanfertigungen und Eigenkonstruktionen – die Vielfalt ist enorm. Und man mag den Gedanken haben: So könnte es auch in Münsters Innenstadt sein, wenn die Idee hinter der Weißenburg Schule machen würde. Schließlich will man ja Fahrradstadt sein, und in der Hinsicht ist die Weißenburg wirklich Vorbild.

Adresse Freiburger Weg 55, 48151 Münster-Geist | ÖPNV Stadtbus 1, 5, 9, Haltestelle Metzer Straße | Tipp Im Straßburger Weg 103 gibt es mit »123 Rad« einen leicht chaotischen Radladen, in dem dennoch stets für jedes Problem eine Lösung gefunden wird.

6 Die Baracke

Kulturzentrum mit Seeblick

Als Erstsemester an der WWU, der in den Unigebäuden an der Scharnhorststraße zu tun hat, landet man über kurz oder lang mit Sicherheit auch mal in der »Baracke«, Untertitel: »Kulturzentrum am Aasee«. Nicht wenige bleiben hängen, die Baracke ist ein spannender Ort.

Beide Namensteile sind passend gewählt: Einerseits ist das Gebäude innen wie außen recht abgerockt – Stichworte: Graffiti, Plakate, Aufkleber … Und so passt »Baracke« rein vom Vorurteil her tatsächlich besser zu den an der Scharnhorststraße angesiedelten Politikwissenschafts- und Soziologiestudenten als zu, sagen wir mal, dem Juridicum. Andererseits passt auch »Kulturzentrum am Aasee« sehr gut, denn studentische Kultur ist schlicht das, was in der Baracke unter dem Motto »Träume brauchen Räume – für unkommerzielle & selbstverwaltete Orte« gelebt wird. Gern auch auf eigene Initiative: Ob Lesungen, Vorträge, Konzerte, Partys, Workshops, Filmabende oder Ähnliches, man kann sich jederzeit an die Verwaltung des Zentrums wenden. Die Vielfalt kennt hier keine Grenzen. In jeder Hinsicht übrigens, denn besonderer Wert wird in der »Baracke« darauf gelegt, dass dies ein Ort ist, an dem sich jeder wohlfühlen kann und der »frei von jeder Form persönlichkeits- und / oder gruppenbezogener Diskriminierung« gehalten wird. Was sowohl für die Besucher als auch für die dargebotenen Inhalte gilt, ein jeder ist dazu aufgerufen, stets ein offenes Ohr zu haben und sich im Falle einer Zuwiderhandlung sofort zu melden.

Eigentlich ist die Baracke übrigens die Heimat der Fachschaften von Politikwissenschaft und Soziologie. Aber sie will eben auch »mehr sein als ein Gebäude, in dem Studierende Kaffee trinken«. Ein Blick auf den Veranstaltungskalender der Baracke lohnt sich deshalb in jedem Fall – auch wenn man kein angehender Sozialwissenschaftler ist: Nicht selten ist die Party oder das Konzert dort der Geheimtipp des Abends.

Adresse Scharnhorststraße 106, 48151 Münster | ÖPNV Stadtbus 2, 7, 10, 16, Haltestelle Platz der Weißen Rose | Öffnungszeiten Präsenzzeit nach Absprache, viele Abendveranstaltungen, www.baracke.ms | Tipp Rund um den Platz der Weißen Rose lässt sich reichlich alternative, studentisch geprägte Luft atmen.

7 Das Bennohaus

Bürgerhaus mit Kanalblick

Wenn man am Kanal in Richtung Schleuse auf der stadtauswärts gesehen linken Seite spaziert, kommt man nach einiger Zeit an einem schmucken, von Frühjahr bis Herbst nahezu vollständig von den Blättern der davorstehenden Bäume bedeckten Doppelhaus vorbei. Die linke Hälfte steht auf metallenen Stelzen und besitzt im oberen Teil eine große Glasfront, darunter kann man sein Fahrzeug abstellen; die rechte zeigt an ihrer Stirnseite ein angebautes, ebenfalls verglastes Treppenhaus und wird von dem Namen des Gebäudes – Bennohaus – geziert.

Sofort wird klar, dass es sich hierbei um kein normales Wohnhaus oder eine der vielen Agenturen handelt. Das hier muss etwas Besonderes sein … Wenn man sich neugierig nähert, findet man im davorstehenden Infokasten einen ersten Hinweis: Es handelt sich um ein Bürgerhaus.

Das Bürgerhaus Bennohaus ist eine »sozio-kulturelle, kulturpädagogische Bildungs- und Medieneinrichtung« unter der Trägerschaft des Arbeitskreises Ostviertel e. V. Das klingt erst mal etwas sperrig, was steckt genau dahinter? Eine ganze Menge: Das Bennohaus will vieles sein, in erster Linie aber eine offene Einrichtung für alle, die Interesse am gemeinsamen Miteinander im Osten der Stadt haben, gleichwohl ob aus kulturellem, pädagogischem oder medialem Interesse. Dabei sollen Menschen jeden Alters angesprochen werden, insbesondere Kinder und Jugendliche, Senioren und Menschen mit internationaler Geschichte. Hierfür bietet es eine Bühne für Musik, Tanz, Theater und Co. sowie zahlreiche Kursangebote und die Möglichkeit, Räumlichkeiten anzumieten; darunter ein recht beeindruckender Saal für 180 Gäste direkt unter dem Dach und ein Café mit Terrasse am Kanal. In direkter Nachbarschaft gibt es zudem einen Bürgergarten. Insgesamt bietet das Bennohaus also viel zu entdecken, wenn man es erst einmal entdeckt hat. Und allein der Weg dahin lohnt sich.

Adresse Bennostraße 5, 48155 Münster-Mauritz | **ÖPNV** Stadtbus 11, 14, Haltestelle Liboristraße | **Öffnungszeiten** Mo–Fr 9–18 Uhr, Tel. 0251/609673, www.bennohaus.de | **Tipp** Direkt nebenan finden Sie den »Ruderverein Münster von 1882 e. V.«.

8 Die Bienenvölker

Mövenpick als beste Start- und Landebahn

Wer aufgefordert wird, zu erraten, welchen Beruf der Münsteraner Ralf Waanders wohl ausübt, der wird mit einiger Wahrscheinlichkeit spontan auf Bio-Lehrer tippen – und liegt damit, Klischee hin oder her, goldrichtig.

Doch neben der Liebe zu seiner Familie und der Leidenschaft für seinen Beruf hat der Mann noch ein drittes großes Steckenpferd: eigene Bienen. Das Besondere dabei ist, dass Waanders seine mittlerweile zehn Bienenvölker inmitten der Stadt hält. Ein wichtiger Standort ist dabei auf dem Dach des »Mövenpick«, Münsters größtem Hotel, wo Tausende seiner »Mitarbeiterinnen«, wie er sie liebevoll nennt, munter umherschwirren, ohne die Gäste zu behelligen.

Was auf den ersten Blick ungewöhnlich erscheinen mag, ergibt jedoch auf den zweiten eine Menge Sinn, wenn man dem selbst ernannten Stadtimker zuhört. Denn das Landleben mit dem Idealbild blühender Wiesen und fleißig umherschwirrenden Bienen sei längst nicht mehr Realität. Vielmehr dominierten heute Monokulturen mit unzähligen Raps- und Maisfeldern vielerorts das Landschaftsbild. Zudem werde stark auf den Einsatz von Insektiziden und Herbiziden gesetzt – für die Bienen wahrlich kein idealer Lebensraum. Die moderne Stadt hingegen habe sich für viele Tiere zu einem idealen Rückzugsraum entwickelt – auch und gerade für die Biene. Hier blühe fast das ganze Jahr immer etwas, sei es in privaten Gärten oder auf Balkons, in öffentlichen Parks und Friedhöfen oder einfach am Straßenrand. Um städtische Abgase braucht man sich laut Waanders ebenfalls keine Gedanken zu machen, denn die Bienen haben eine Art eingebauten Filter, im Honig sind keine Rückstände zu finden.

Ganz uneigennützig ist das Ganze natürlich nicht, es geht auch um den gewonnenen Honig. Der wird – Ehrensache – in der Hotelküche verwendet, kann als »Münster-Honig« jedoch auch käuflich erworben werden und hat schon mehrere Auszeichnungen eingeheimst.

Adresse Kardinal-von-Galen-Ring 65, 48149 Münster | ÖPNV Stadtbus 2, Haltestelle Franz-Hitze-Haus | Öffnungszeiten für Gäste: Tel. 0251/89020, www.stadthonig-muenster.de | Tipp Das nahe gelegene Franz Hitze Haus bietet häufig interessante Ausstellungen an.

9 Die Blutbuche

Altes stirbt, Neues entsteht

Im Schlossgarten der Westfälischen Wilhelms-Universität liegt eine Blutbuche. Jetzt ist ein umgelegter Baum an sich erst einmal nicht unbedingt etwas, das einen Beitrag hier rechtfertigen würde. Dieser hier aber ist ein wahrer Baumveteran. Er wurde stolze rund 220 Jahre alt, stand also bereits zu Zeiten Napoleons an seinem Platz in der Nähe des heutigen Botanischen Gartens der Universität. Deren Mitarbeiter hatten sich seiner denn auch angenommen, da er schon seit Längerem – im wahrsten Sinne des Wortes – im Sterben lag. Schließlich stirbt ein Baum nach einem so stolzen Leben nicht von einer Sekunde auf die andere. Ganze 15 Jahre Sterbebegleitung wurden seit dem Jahr 2000 geleistet, als sich abzeichnete, dass die Tage der Blutbuche in absehbarer Zeit gezählt sein würden.

Die ganze Mühe diente auch dazu, den Prozess beobachtbar zu machen. So wurde der vor sich hin modernde Baum immer wieder beschnitten, bis er im Jahr 2015 schließlich aus Sicherheitsgründen gefällt werden musste.

Anstatt die Blutbuche zu entsorgen, hat man sich entschieden, den Weg weiter zu gehen und auch den Prozess ihres natürlichen Totholzzerfalls im Laufe der Zeit zu zeigen. Und wie die Natur so spielt – wo Tod ist, da ist auch Leben. Der Stamm der Blutbuche bietet heute zahlreichen Pflanzen, Tieren und Pilzen Lebensraum und Nahrung. Er ist Teil des Baum-Erlebnispfads im Schlossgarten, bei dem Besucher an insgesamt acht Stationen Informationen über das »Ökosystem Baum« erhalten können, etwa zu Totholz, aber auch zu Spechten und Fledermäusen, Holznutzung, Biodiversität et cetera.

Und nicht nur das, am Ende des liegenden Baumstammes hat man seitens der Universität als Ausgleich eine neue Buche gepflanzt, der man nun ihrerseits wieder beim Heranwachsen zusehen kann. Wäre mal ein schönes Langzeitprojekt für Studierende. So für das eine oder andere Jahrhundert.

Adresse Schlossgarten, 48149 Münster | **ÖPNV** Stadtbus 5, 9, 16, Haltestelle Steinfurter Straße | **Öffnungszeiten** jederzeit | **Tipp** Das Schlossgarten Café um die Ecke ist immer einen Besuch wert, zum Beispiel für leckeren westfälischen Struwen.

10 Bömskes

Die Bonbonmanufaktur

Marketing funktioniert manchmal. Im Lieblingshotel (siehe Ort 64) lag aus wohl exakt diesem Grund eine Probierportion leckerer Bonbons bereit, und der Hersteller weckte dadurch gekonnt Interesse: »Bömskes«. Eine Bonbonmanufaktur. Mitten in Münster. Also hin da … Alter Hut, neu verpackt, denkt man vielleicht, etwaige Gummibärchenläden lassen grüßen. Kann man denken, denn so ähnlich sieht es am Spiekerhof in dem kleinen Laden auf den ersten Blick tatsächlich aus. Mit dem Unterschied, dass im Hintergrund eine ziemlich gut gelaunte Horde circa Zehnjähriger rumwuselt, die – tatsächlich – Bonbons machen. Natürlich unter fachkundiger Anleitung, denn das Bonbonmachen ist alles andere als ein Kinderspiel, sondern ein oft weit über 100 Grad heißes Handwerk, wenn die brodelnde Zuckermasse auf die kalte Granitplatte geschleudert und dann am Wandhaken weiterverarbeitet wird.

Genau dieses Handwerk üben die Gründer Peter Stöpel und Timo Bernsmann seit 2015 in Münsters erster Bonbonmanufaktur aus – niemals ohne Konditorin Maurane Krebber, aber gern gemeinsam mit großen oder, wie hier, mit kleinen Gästen. Firmenevents mit Logobonbons oder Junggesellinnenabschiede mit XLovesY sind ebenfalls möglich.

Die Idee dazu entstand in Köln, wo Stöpel und Bernsmann bei einem Besuch eine Bonbonmanufaktur entdeckten, in Oldenburg machten sie sich über Monate schlau darüber, wie das Bonbonmachen funktioniert. Und in Münster musste das Ergebnis dann natürlich »Bömskes« heißen.

Maurane Krebbers Favorit unter den Bonbons ist übrigens die »Super Saure Sauerkirsche«, Peter Stöpel mag auch die »Saure Mischung«, Timo Bernsmann hingegen schwört auf »Salziges Karamell«. Worauf man besser gehört hätte, denn auf die Frage nach »was mit Chili« hatte er auch eine Antwort, die er allerdings extra aus dem Lager holen musste: nichts für Kindergeburtstage …

Adresse Spiekerhof 2, 48143 Münster | **ÖPNV** Stadtbus 5, 11, 14, 15, 16, Haltestelle Spiekerhof | **Öffnungszeiten** Mo–Sa 10–18 Uhr | **Tipp** Wer lieber Schokolade mag, findet in direkter Nähe einen Leysieffer-Shop.

11 Der Botanische Garten

Oase hinter dem Schloss

Meist sieht man das Fürstbischöfliche Schloss, Sitz der Westfälischen Wilhelms-Universität Münster, nur von vorn. Zugegeben, auch aus der Perspektive macht es einiges her. Aber da Besuche, abgesehen natürlich von Mitarbeitern, Gästen und Studierenden, eher nicht vorgesehen sind, weiß mancher gar nicht, dass sich dahinter ein großer Schlossgarten verbirgt, der wiederum ein echtes Kleinod beheimatet: den Botanischen Garten »Hortus Botanicus« der Hochschule.

Auf einer überraschend großen Gesamtfläche von knapp fünf Hektar inklusive 2.000 Quadratmetern in zehn Gewächshäusern werden beinahe 8.000 unterschiedliche Pflanzenarten kultiviert. Sortiert nach Themen finden sich beispielsweise geografische Sammlungen zu Hochgebirge, Mittelmeerraum, »Down Under«, den Kanaren oder Südamerika und -afrika. Weiterhin gibt es zahlreiche botanische Sammlungen, etwa von Moos, fleischfressenden Pflanzen, Parasiten, Sporen und Samen. Zudem kann man – für viele jüngere Besucher besonders spannend – auch Lehrsammlungen besuchen, unter anderem zu den Bereichen Arzneipflanzen und Nutzpflanzen, sowie einen Bachlauf und einen Riech- und Tastgarten. Und selbstverständlich sind auch viele saisonale und regionale Schmuckpflanzen und Waldbereiche sowie eine Heide, ein Moor, eine Düne und viele Wiesenflächen zu erkunden.

Die Geschichte des Botanischen Gartens reicht lange zurück, bereits im Jahr 1804 begann – im Zuge der Neuschaffung eines Instituts für Naturgeschichte an der WWU – der Aufbau erster Anlagen, um fortan über ausreichend eigenes Anschauungsmaterial zu verfügen. Nach weitgehender Zerstörung im Zweiten Weltkrieg konnte der Botanische Garten schon in den 1950er Jahren wiederaufgebaut werden – viele zähe Pflanzen hatten den Krieg überstanden. Heute steht der Garten ganzjährig, sogar an Feiertagen, für alle Besucher offen, auch einige der Gewächshäuser sind für Interessierte zugänglich.

Adresse Schlossgarten 5, 48149 Münster | ÖPNV Stadtbus 5, 9, 16, Haltestelle Steinfurter Straße | Öffnungszeiten Sommer Mo–So 8–19 Uhr, Winter 9–16 Uhr, Tel. 0251/8323827, www.uni-muenster.de/BotanischerGarten | Tipp Die Skulptur »Bänke« von Jenny Holzer (1987) steht um die Ecke und lädt zu einer Pause ein.

12 Der Bremer Platz

Ein Platz für die Szene

Wahre Begebenheit: Ein Studienfreund wohnte seinerzeit parterre in einer kleinen Bude in der Nähe des Bremer Platzes. Eines Morgens zog er schwungvoll seine Jalousie zum Hinterhof hoch, und etwa einen Meter vor seinem Fenster bedrohte ein Mann mit Rastalocken gerade einen Lederjackenträger mit einem absurd großen Messer. Wie im Fernsehen: ein klassischer schiefgelaufener Drogendeal. Ausgang der Szene unbekannt: Mein Freund hat die Jalousie direkt wieder runtergelassen und sich vorsichtshalber erst mal im Dunkeln Frühstück gemacht.

So ist das in Münster, in der Nähe des Bahnhofs wird man, ob gewollt oder nicht, immer wieder unmittelbar mit der am Bremer Platz angesiedelten Drogenszene der Stadt konfrontiert – und hat sich im Laufe der Jahre und Jahrzehnte ein relativ entspanntes Verhältnis dazu zugelegt. Crack wird da halt direkt von der Alufolie geraucht, Heroin wird offen gespritzt. Die Dealer machen sich schon gar nicht mehr die Mühe, für ihre Geschäfte eben mal kurz in die öffentliche Toilette zu gehen. Ist hier halt normal. Viele Touristen hingegen, die versehentlich den Hinterausgang des Bahnhofs benutzt haben, sind, das lässt sich immer wieder beobachten, etwas kulturschockiert ob ihres Erstkontakts mit der viel zitierten »lebenswertesten Stadt der Welt«.

Doch die Themen Drogensucht, -handel und -konsum gehören nun einmal zum gesellschaftlichen Miteinander dazu, und Münsters Antwort ist eben, was der Experte »akzeptanzorientiert« und »niedrigschwellig« nennt. Was übersetzt bedeutet, dass die Menschen es lieber dort tun sollen, wo die Polizei den Überblick hat, Sanitäter im Notfall helfen können und die Streetworker mit Angeboten wie Substitution, sauberen Spitzen, Konsumräumen und betreutem Wohnen Kontakt zu den Menschen haben, statt sie aus dem städtischen Leben zu drängen – und einfach so zu tun, als gäbe es sie nicht.

Adresse Bremer Platz, 48155 Münster | ÖPNV Rückseite vom Hauptbahnhof | Tipp Direkt nebenan findet sich der »Indro e. V.«, der unter anderem im »Kontaktcafé« Beratung und Hilfe für Gebrauchende und Substituierende anbietet.

13 Die B-Side

Auch schön

Als B-Seite (englisch: b-side) bezeichnete man in Zeiten der Schallplatte die Rückseite einer Hit-Single, auf der oft ein, sagen wir einmal, vorab betrachtet nicht so bedeutsames Stück des Hit-Interpreten mitgeliefert wurde. Liebevoll und mit einem gewissen Maß an Selbstironie nennen die Münsteraner denn auch die dem Hansaviertel gegenüberliege Südseite des Hafenbeckens ihre »B-Side«. Den gleichen Namen tragen zudem ein dort jährlich stattfindendes Open-Air-Festival, ein Hausprojekt und der für beides verantwortliche, im Herbst 2016 gegründete Verein »B-SIDE KULTUR E.V.«.

Besonders spannend ist das Hausprojekt als designiertes Quartierszentrum, das der Verein als »pochendes Herz des kulturellen Lebens am Münsteraner Hafen und im Hansaviertel« beschreibt. Im alten Hill-Speicher auf der Südseite des Hafens wächst Raum für Kunst, Kreativität, Bildung und die Debatte zur Gesellschaft von morgen. Rund um die zwei heimlichen Wahrzeichen Münsters, den »Elefanten« (einstmals eine Schüttvorrichtung) und den Hafenkran, tut sich darüber hinaus seit einigen Jahren auch baulich etwas. Beispielsweise der Umzug des Wolfgang Borchert Theaters in den Flechtheimspeicher (ein unter Denkmalschutz stehender Getreidespeicher) oder der Neubau der Hafenkäserei. Aber vieles ist beim Alten geblieben.

Während also die A-Seite, irgendwer hat sich dafür vor etwa 20 Jahren die etwas abgedroschene Bezeichnung Kreativkai aus den Fingern gesogen, in ziemlich genau demselben Zeitraum mächtig aufgehübscht wurde und vor Gastronomie, Glasfassade und Glamour nur so strotzt, hat auf der B-Seite viel vom ursprünglichen Charme des Hafens überlebt: Man kann dort an einem lauen Sommerabend immer noch den Grill anwerfen, das Dosenbier aufreißen, Gitarre und Bongotrommeln auspacken und später vielleicht noch einen erfrischenden Sprung ins Becken riskieren. Manchmal findet man auf der B-Seite den eigentlichen Hit.

Adresse Stadthafen, 48155 Münster | ÖPNV Stadtbus 6, 8, 17, Haltestelle Stadtwerke/Hafen | Tipp Der Rhenus-Kran am Hafenbecken geht locker als eigenes Münster-Wahrzeichen durch und ist aus jeder Perspektive (auch für Fotografen) sehenswert.

14 Der Bullenkopp

Papstbesuch bei Bedarf inklusive

Der Alte Fischmarkt liegt oft im mächtigen Schatten von St. Lamberti. Schon im 12. Jahrhundert gehörte er zum innerstädtischen Straßennetz. Überliefert ist aus jener Zeit die alte Bezeichnung »Vyschmarked«. Genutzt wurde er denn auch überwiegend zum Handel mit Fisch, genau genommen war dieser sogar lange auch nur dort gestattet, was den Fischmarkt zu einem der ältesten Märkte Münsters macht. Im Jahr 1774 wurde der Fischverkauf dann jedoch an den Spiekerhof verlegt und der Straßenname dementsprechend in Alter Fischmarkt geändert.

Im Laufe der Zeit siedelten sich mehr und mehr wohlhabende Kaufleute an und auch eine der – wenn man so möchte – Kneipeninstitutionen Münsters: der Bullenkopp. Früher wie heute gern von Studenten besucht, wird das Etablissement sogar im Münsterlied gewürdigt: »Wer den … Bullenkopp nicht kennt … war in Münster nie Student.«

Hier wird zu späterer Stunde auch mal im nicht übertragenen Sinn auf den Tischen getanzt, und das liegt nicht nur daran, dass der Boden dann schon klebt. Neben dieser … nennen wir es geselligen Atmosphäre machen den Bullenkopp zwei Besonderheiten aus. Zum einen der Name, der sich von einer in Münster früher üblichen Trinkgefäßbezeichnung für Bier ableitet (kein Scherz: sechs Liter! Das Bier seinerzeit war aber vom Alkoholgehalt mit dem heutigen wohl eher nicht vergleichbar). Zum anderen findet sich, zumindest auf der Herrentoilette, eines der letzten sogenannten »Speibecken« der Stadt. Die umgangssprachlich auch Papst (davor verbeugt sich jeder; die Bezeichnung stammt allerdings vermutlich eher vom lateinischen »pabere« für »spucken«) genannten Becken mit Haltegriffen auf Hüfthöhe waren früher üblich, sind dann mit der Zeit aber fast überall verschwunden. Hier gibt es noch einen – wahrscheinlich als Zugeständnis an diejenigen, die auch heute noch sechs Liter Bier herunterbekommen.

Adresse Alter Fischmarkt 24, 48143 Münster | ÖPNV Stadtbus 1, 6, 8, 15, Haltestelle Altstadt/Bült | Öffnungszeiten Mo–Sa 20–3 Uhr, Tel. 0251/4841208 | Tipp Erinnerungsstücke aus der Stadt finden Sie im »Mein Münster – Der kleine Laden« nebenan.

15 Der Bunker

Schützenhof im Wandel der Zeit

Der Schützenhofbunker an der Ecke Hammer Straße / Wörthstraße glänzt nicht gerade durch architektonische Zurückhaltung. Genauer gesagt ist er mit seinen zwei Meter dicken Wänden und der knapp eineinhalb Meter dicken Decke, die über 1.000 Quadratmeter Nutzfläche umgeben, ein ziemlicher Klotz. Errichtet wurde er inmitten des Zweiten Weltkriegs, 1942, um 1.500 Anwohnern Schutz vor den Bombenangriffen der Alliierten zu bieten und – ab Ende 1943 – auch als Befehlsstand der münsterschen Luftschutzleitung zu dienen. Was bedauerlicherweise nur unzureichend gelang: Am 18. November 1944 wurde die Decke des Schützenhofbunkers bei einem Luftangriff von einer Bombe getroffen, durch den Druck der Detonation verloren 68 Menschen ihr Leben. Dies trug damals dazu bei, dass Tausende Münsteraner das Vertrauen in die Sicherheit der städtischen Bunker verloren und die Flucht aus der Stadt ergriffen.

Seit November 1984 wird der damaligen Opfer mit einer Gedenktafel gedacht: »Die Toten mahnen zum Frieden … Eine Bombe zerstörte ihre Hoffnung auf Schutz« heißt es darauf. Nach Ende des Krieges lag der ehemalige Bunker mehr oder weniger brach, versank zusehends unter Efeu und wurde immer wieder von Sprayern aufgesucht. Ab dem Jahr 2000 durfte er dann von Musikern für Bandproben genutzt werden, unter anderem die Post-Rocker von »Long Distance Calling« sollen dort geübt haben. 2012 drohte dem Bunker zunächst der Abriss, der auf Betreiben einer Bürgerinitiative jedoch abgewendet werden konnte. Seit 2012 steht der Bunker sogar unter Denkmalschutz, was bedeutet, dass auch die inzwischen neuerlich gefundenen Investoren ihn nicht abreißen dürfen. Ab 2020 erfolgten die Entkernung sowie der Um- und Ausbau zu 38 Wohnungen unter weitgehendem Erhalt der inneren (Treppenhäuser, historische Beschilderungen) sowie der äußeren Struktur. So kann der Bunker wieder genutzt werden und doch weiterhin zum Frieden mahnen.

Adresse Wörthstraße 1, 48151 Münster-Geist | ÖPNV Stadtbus 1, 5, 9, Haltestelle Alter Schützenhof | Öffnungszeiten von außen zu besichtigen | Tipp An der Hammer Straße liegt ganz in der Nähe der architektonisch reizvolle zeb-Tower.

16 Die Cavete

Grüne Nudeln

Man stelle sich vor, man käme zur akademischen Ausbildung nach Münster und fände keine der typischen Studentenkneipen vor. Undenkbar? Keinesfalls! Denn exakt so erging es dem angehenden Rechtswissenschaftler Wilfried Weustenfeld. Was er – zugegeben bereits in den später 1950er Jahren – zum Anlass zur öffentlichen Klage über das einstmals hiesige Spießertum nahm: »Hütet euch, studiert nicht in Münster!«, so seine Warnung. Das führte dann tatsächlich – weit vor 1968 – zu einer für Münsteraner Verhältnisse mittelgroßen, sagen wir mal, Kulturrevolution. In deren Folge unter anderem am 28. April 1959 von den Studenten Lothar Weldert und Werner-Otto Jedamzik mitten im Kuhviertel an der Kreuzstraße 37/38 die »Cavete« eröffnet wurde, Münsters erste sogenannte »Akademische Bieranstalt«.

Ein ziemlicher Volltreffer, wie sich rückblickend sagen lässt. Zumal die Begeisterung im Umfeld schon im Vorhinein groß gewesen sein muss: Zahlreiche Möbel- und Einrichtungsspenden gingen ein, Studenten und »Knastinsassen« halfen bei der Renovierung. Fortan trafen sich dort bei münsterschem Altbier, den berühmten, später und bis heute ausschließlich hausgemachten Nudeln und – man möge es sich vorstellen – live gespielter Jazzmusik Studenten, Künstler und Freigeister jeder Couleur, um über ihre jeweiligen Wissenschaften, Politik, Gott und die Welt zu debattieren. Überliefert sind Besuche unter anderem des Jazzmusikers Benny Goodman, des damaligen NRW-Innenministers Willi Weyer (dem es so gut gefallen haben soll, dass er eigenmächtig die Sperrstunde verlängerte) sowie, Verfassungsschutzbeobachtung inklusive, Ulrike Meinhof.

»Cavete« ist übrigens lateinischen Ursprungs und bedeutet so viel wie »Hütet euch!«. Davon kann heute zum Glück keine Rede mehr sein. Aber wenn einer fragt: »Sollen wir grüne Nudeln essen gehen?«, und alle antworten »Ja!«, dann ist klar, wo es hingeht.

Adresse Kreuzstraße 37/38, 48143 Münster | ÖPNV Stadtbus 5, 15, 16, Haltestelle Kuhviertel Rosenplatz | Öffnungszeiten Mo–Do ab 17 Uhr, Fr und So ab 13 Uhr, Sa ab 12 Uhr | Tipp Jenseits der Promenade finden Sie die Skulptur »Sketch for a Fountain« (Skizze für einen Brunnen) der Künstlerin Nicole Eisenman.

17 Der Cemetery

Ehre, wem Ehre gebührt

Der Englische Friedhof mit den Ehrengräbern der britischen Kriegs- und Nachkriegsopfer ist ein eigener Bereich auf dem Gebiet des Waldfriedhofs Lauheide. Dort bietet sich eine Szenerie wie aus einem amerikanischen Film – bedrückend und würdig zugleich.

Eigentlich liegt der Waldfriedhof Lauheide gar nicht auf dem Stadtgebiet, sondern vor den Toren Münsters und gehört rein geografisch daher zum Kreis Warendorf. Dennoch zählt er zu den städtischen Friedhöfen Münsters, ist sogar der größte der insgesamt sieben und war bei der Eröffnung im Jahr 1942 auch der erste. Schon vor 4.000 Jahren wurden hier, an der Ems bei Telgte, Verstorbene beerdigt. Heute dient der Waldfriedhof Lauheide nicht nur als Heimat für rund 41.000 Ruhestätten, sondern auch als Naherholungsgebiet, das viele verschiedene Menschen, nicht nur trauernde, als Rückzugsort nutzen. Zudem ist er Lebensraum für zahlreiche Pflanzen und Tiere, darunter weit über 100 Vogelarten. Nicht ohne Grund wurde er 2014 als »Schönster Friedhof Deutschlands« ausgezeichnet.

Eine Besonderheit ist neben dem herzzerreißenden »Sternchenfeld« zur Bestattung tot geborener Babys der Englische Friedhof: ein eigener Bereich auf dem Gelände mit der offiziellen Bezeichnung »Munster Heath War Cemetery«. Hier sind 740 britische Soldaten begraben, die im Zweiten Weltkrieg ihr Leben verloren haben, sowie deren verstorbene Angehörige. Beim Betreten erblickt man die strahlend weißen, einheitlichen Grabmale, und es beschleichen einen Respekt und gleichzeitig ein beklommenes Gefühl. Jedes Grabmal verzeichnet den Namen sowie den militärischen Rang und das Lebensalter des Kriegsopfers, manchmal auch ein paar persönliche Worte. Oftmals werden von Hinterbliebenen bis heute Blumen vorbeigebracht. So dient der Englische Friedhof zum einen als Mahnmal für unzählige tragische Opfer, gleichwohl versöhnt er, da sie nicht vergessen sind.

Adresse Lauheide 5, 48291 Telgte | ÖPNV Stadtbus 2, Haltestelle Lauheide | Öffnungszeiten Mo–Fr ab 7.30–16 Uhr, Sa–So 14–16 Uhr | Tipp Wegen ihrer guten Akustik wird die Feierhalle auch für künstlerische Aufführungen genutzt.

18 Das Datumsschild

Noch bis 2040

»2. März 2024, 16.30 Uhr« steht auf dem kleinen Schild, das unscheinbar am Michaelisplatz zwischen Rathaus und Domplatz an der Wand angebracht ist. Die meisten Passanten werden das 20 mal 30 Zentimeter kleine Schild, das in drei Meter Höhe angebracht ist, vermutlich übersehen oder sofort wieder vergessen, weil sie es nicht zuordnen können.

Wer jedoch wissen will, was es damit auf sich hat, für den ist es ganz einfach herauszufinden: Er muss einfach am angegebenen Tag pünktlich vor Ort sein, dann wird, vermutlich in Anwesenheit zahlreicher weiterer Neugieriger und Eingeweihter, das Rätsel gelüftet. Wer sich nicht so lange gedulden mag, kann es jedoch – Spoilerwarnung – auch schon an dieser Stelle erfahren.

Bei dem Schild mit dem Namen »Datum« handelt es sich um eine Langzeit-Aktion des Berliner Künstlers Mark Formanek, die er für die »Skulptur.Projekte« in Münster im Jahr 1990 ins Leben gerufen hat. Jeweils an dem auf dem Schild angegebenen Datum wird pünktlich zu der jeweiligen Uhrzeit – alle vier Jahre – das Schild gegen ein neues mit einem wiederum vier Jahre in der Zukunft liegenden Datum ausgetauscht. Bis 2040 soll die Aktion laufen, insgesamt dann also zwölf Termine. Die Idee dahinter lässt sich am ehesten mit dem Phänomen beschreiben, das vor einigen Jahren als sogenannter »Flashmob« bekannt geworden ist, nur dass der Künstler es lange vorweggenommen hat: Ein fester Ort, eine verabredete Zeit, und dann einfach mal gucken, wer noch da ist und was vielleicht passiert. Das Schild an sich dient als Symbol für die vergehende Zeit, ist aber letztlich lediglich Mittel zum Zweck.

Vier weitere Schilder sind bereits im Besitz der Kunsthalle Münster, die das Konzept vom Künstler erworben hat und weiterführt. Das letzte wird 2036 montiert und auf den »14. März 2040, 17.30 Uhr« verweisen.

Was dann passiert? Einfach vorbeikommen!

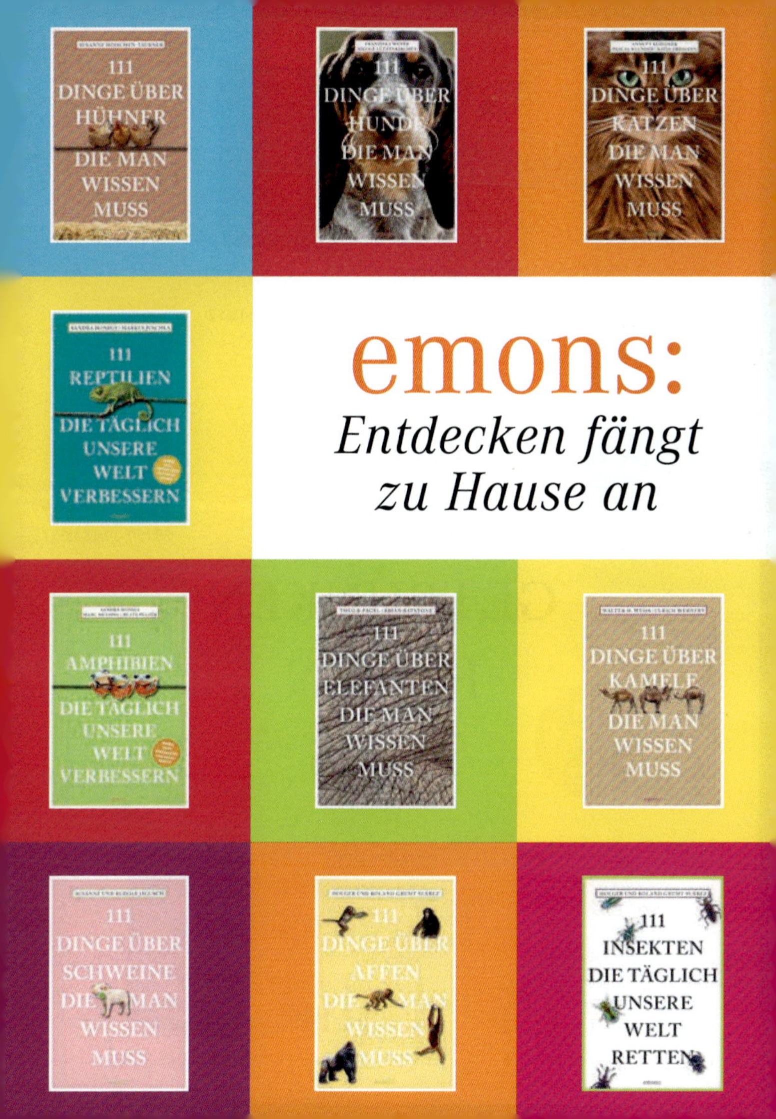

111 DINGE ÜBER HÜHNER DIE MAN WISSEN MUSS
111 DINGE ÜBER HUNDE DIE MAN WISSEN MUSS
111 DINGE ÜBER KATZEN DIE MAN WISSEN MUSS
111 REPTILIEN DIE TÄGLICH UNSERE WELT VERBESSERN
emons:
Entdecken fängt zu Hause an
111 AMPHIBIEN DIE TÄGLICH UNSERE WELT VERBESSERN
111 DINGE ÜBER ELEFANTEN DIE MAN WISSEN MUSS
111 DINGE ÜBER KAMELE DIE MAN WISSEN MUSS
111 DINGE ÜBER SCHWEINE DIE MAN WISSEN MUSS
111 DINGE ÜBER AFFEN DIE MAN WISSEN MUSS
111 INSEKTEN DIE TÄGLICH UNSERE WELT RETTEN

ISBN 978-3-7408-1632-2

ISBN 978-3-7408-1801-2

ISBN 978-3-7408-1838-8

111 DRINKS DIE MAN GETRUNKEN HABEN MUSS

ISBN 978-3-7408-1835-7

FÜR 18,00 €
(A) 18,60 €

ISBN 978-3-7408-1222-5

ISBN 978-3-7408-1741-1

ISBN 978-3-7408-1069-6

Adresse Michaelisplatz 9, 48143 Münster | **ÖPNV** Stadtbus 1, 8, 10, 16, Haltestelle Altstadt/Bült | **Tipp** Vor dem Platz findet man ein ertastbares Modell der Münsteraner Innenstadt.

19 Elbēn – zwei Herzen

Friede. Freude. Manakish.

Mein erster Kontakt mit »elbēn« erfolgte durch die Nase, und zwar in Form von: »Was riecht denn hier so lecker?« auf dem Weg zum Supermarkt. Die Antwort war schnell gefunden, auf dem Parkplatz stand ein neuer Food-Truck eben mit dem Namen »elbēn«. Für das dem Aroma nach sehr deftige Fleisch, gut gewürzte Gemüse und die feurigen Dips war es noch etwas früh, aber das Interesse war geweckt.

Bei der spontanen Rückkehr zum Mittagessen (Manakish – eine orientalische Hefeteigtasche, in meinem Fall gefüllt mit Geflügelfleisch, Käse und Salat) stellte sich schnell heraus, dass das Essen zwar exakt genauso lecker schmeckt, wie es riecht, aber hier eigentlich gar nicht die Hauptrolle spielt. Denn »elbēn« bedeutet »zwei Herzen« auf Syrisch-Arabisch, und das Motto dazu lautet »Friede. Freude. Manakish«. Getreu diesem Motto soll »elbēn« eine Begegnungsstätte für verschiedene Kulturen sein, »in der jeder Mensch willkommen ist« und die »mehr als satt« macht.

Gestartet wurde das Ganze 2015 mit einem Crowdfunding, ursprüngliches Hauptziel war, aufgrund des Bürgerkriegs aus Syrien nach Münster geflüchteten Menschen Unterstützung anzubieten bis hin zu der Möglichkeit, sich hier eine Existenz aufzubauen. Heute ist das Ganze wesentlich internationaler ausgeprägt, die Mitarbeiterinnen und Mitarbeiter kommen aus dem gesamten Levante-Raum, neben Syrien also etwa dem Libanon, Israel, Jordanien, Palästina, Teilen der Türkei und Zypern. Neben den Food-Trucks existieren mittlerweile drei elbēn-Bistros (Wienburgpark, Aasee und im Bild: Wolbecker Straße), zudem engagiert man sich im Verein »zwei Herzen e. V.«, in den Kulturprojekten der Trafostation an der Schlaunstraße sowie im Wohnprojekt »elbēn-WG« am Coerdeplatz. Mittelfristiges Ziel ist es, »elbēn« auch in andere Städte in Deutschland zu bringen. Mit der Botschaft von Frieden, Freude und natürlich auch Manakish.

Adresse Wolbecker Straße 114, 48155 Münster | **ÖPNV** vom Bahnhof aus zu Fuß erreichbar | **Öffnungszeiten** täglich 11.30–22 Uhr, Tel. 0251/93131931, www.elben.org | **Tipp** Wer auf den Geschmack gekommen ist, findet auch in der »Salam Kitchen« um die Ecke leckere Gerichte des Nahen Ostens.

20 Der Elefantenpark

Jurassic Park

Wenn man im Allwetterzoo an der Sentruper Höhe das Afrikagelände passiert, hat man seit einigen Jahren das Gefühl, sich dem aus Kino und Fernsehen bekannten »Jurassic Park« zu nähern. Glücklicherweise handelt es sich bei dem beeindruckenden Bau aber nicht um die Heimat von T-Rex und Co. Er beherbergt zwar ebenfalls sehr große, aber ungleich friedvollere tierische Gesellen: Die Rede ist vom Elefantenpark.

Mit 5.000 Quadratmetern voller Sandflächen, einem tiefen Badebecken, umfangreicher Bepflanzung und artgerechten Spielanlagen. Wenn den Dickhäutern mal nicht nach »Strand und Pool« ist, können sie sich in das von Licht durchflutete Elefantenhaus zurückziehen. Dort ist es dann auch tropisch kuschelig, und für die Abkühlung zwischendurch gibt es sogar einen Wasserfall und einen Karpfenteich. Von innen und außen kann man die Tiere stets gut beobachten, besonders beliebt bei den Besuchern ist das asiatische Langhaus, das der gesamten Anlage noch einmal ein besonderes Flair verleiht.

Die Anlage selbst bildet seit dem Neubau wiederum das Herzstück und die eigentliche Hauptattraktion des Zoos – und lag den Münsteranern offensichtlich von Anfang an am Herzen: 2011 angekündigt, kamen sehr kurzfristig 1,2 Millionen Euro an Spendengeldern von Bürgern, Gastronomen und Geschäftsleuten zusammen. Insgesamt wurden knapp fünf Millionen Euro aufgebracht, und dem Bau stand nichts mehr im Weg. Zurzeit bewohnen den Park die vier asiatischen Weibchen Ratna, Kanaudi, Corny und Tefi sowie das Männchen Alexander. Herrenbesuch ist allerdings nicht immer gestattet: Etwa einmal im Jahr gerät der Gute etwas in hormonelle Wallung und wird zum aggressiven Einzelgänger. Zur Sicherheit aller ist daher bei der neuen Anlage nun auch eine räumliche Trennung möglich … Unangefochtener Besuchermagnet des Zoos, und aus eigener Erfahrung wirklich beeindruckend, ist die tägliche Elefantenfütterung zum Mitmachen.

Adresse Sentruper Straße 315, 48161 Münster-Sentrup | ÖPNV Stadtbus 14, Haltestelle LWL/Zoo | Öffnungszeiten täglich März und Okt. 9–18 Uhr, April–Sept. 9–19 Uhr, Nov.–Feb. 9–17 Uhr | Tipp Auf dem gleichen Gelände befindet sich auch das LWL-Museum für Naturkunde.

21 Die fairTEiLBAR

Wider die Verschwendung

Über 300 Kilogramm noch genießbarer Lebensmittel werden laut einer Studie des WWF verschwendet. In Deutschland. Pro Sekunde. Dass da etwas grundlegend falsch läuft, hat ja vermutlich jeder irgendwie geahnt, aber die Zahl muss man tatsächlich erst mal sacken lassen. Das haben auch Susanne Kemper und Claudia Thermann sowie einige Mitstreiter. Und beschlossen, dass etwas geändert werden muss. So entstand die Idee zur »fairTEiLBAR«, für die sie schließlich eine Heimat an der Hammer Straße gefunden haben.

Die Idee ist so simpel wie brillant: Lebensmittel, nach Möglichkeit aus der Region, die aus unterschiedlichen Gründen nicht (mehr) für den Verkauf im regulären Handel geeignet sind, aber immer noch genießbar und schmackhaft, werden gesammelt und dennoch zum Verkauf angeboten. Das können solche sein, die am Mindesthaltbarkeitsdatum kratzen oder es schon knapp überschritten haben, aber auch solche, die nicht dem klassischen »Schönheitsideal« einer Kartoffel, Gurke, Möhre oder was auch immer entsprechen, keine Saison mehr haben, oder, oder … In der dazugehörigen Manufaktur erfolgt bei Bedarf zudem die Haltbarmachung. Das ist die eine Seite.

Die andere ist, dass alle Lebensmittel in der fairTEiLBAR zum »Zahl, was es dir wert ist«-Preis angeboten werden, also jeder Kunde – garantiert ohne Naserümpfen auf der anderen Seite – selbst bestimmt, was ihm sein Einkauf wert ist. So können einerseits auch diejenigen von qualitativ hochwertigen Lebensmitteln profitieren, die sonst jeden Euro zweimal umdrehen müssen. Und es soll helfen, dass bei den Menschen wieder ein Gefühl für den Wert von Lebensmitteln entsteht. Und das wiederum soll dazu beitragen, dass sich mehr und mehr Menschen Gedanken über Lebensmittelverschwendung machen. Und dann vielleicht ihrerseits dazu beitragen, diese zumindest zu verringern.

Womit sich der Kreis schließt.

Adresse Hammer Straße 60, 48153 Münster | ÖPNV Stadtbus 1, 5, 9, Haltestelle St.-Joseph-Kirche | Öffnungszeiten Di–Do 10–18 Uhr, Fr 14–18 Uhr, Sa 10–14 Uhr | Tipp Entlang der Hammer Straße finden sich zahlreiche Einkaufsmöglichkeiten jenseits des Filial-Einerleis, zum Beispiel das »Kaffeestudio« mit feinsten Maschinen, guter Beratung und besten Kaffees.

22 Der FANport

Fußball und Pädagogik

Dass es beim Fußball – neben dem Toreschießen – in erster Linie um Biertrinken, Würstchenessen und Ausgelassenheit geht, ist ein landläufiges Vorurteil. Man würde lügen, wenn man behauptete, beim SC Preußen Münster wäre all dies nicht auch gern gesehen; zumal sich Club und Umfeld nach wechselvollen Jahren und dem Hickhack um Personal und Stadion – noch zwei Themen – wieder geeint gezeigt hatten, besiegelt durch den Drittligaaufstieg 2023.

Beschäftigt man sich abseits von Spiel, Spaß und Politik jedoch näher mit den Menschen rundherum, erkennt man, dass noch mehr dahintersteckt. Etwa 2.000 Mitglieder hat der SC Preußen Münster und damit die magische Grenze erreicht, die lange nicht geknackt werden konnte. Und diese Mitglieder zeigen Engagement.

So betreibt das »Fanprojekt« Interessensvertretung und organisiert zudem beispielsweise Auswärtsfahrten, die »Fanhilfe« bietet Anhängern im Bedarfsfall Rechtsbeistand. Und dann gibt es da noch den »FANport«: Das kleine und auf den ersten Blick etwas schmuddelige Gebäude, das man über den Eingang rechts vom Station erreicht, wirkt auf Uneingeweihte zunächst wie ein Vereinsheim. Dahinter steckt jedoch wesentlich mehr. Es handelt sich um ein sozialpädagogisches Projekt der Outlaw Kinder- und Jugendhilfe gGmbH, das seit 2011 diese Fan-Anlaufstelle direkt am Preußenstadion unterhält. Neben offenen Ohren findet man dort auch Veranstaltungen rund um Themen wie Sportkultur und -politik, aber auch Antidiskriminierung sowie Drogen- und Gewaltprävention werden regelmäßig angesprochen. Auch Unterhaltsames, etwa Lesungen und Partys, kommen nicht zu kurz. In den letzten Jahren haben die Macher rund um Stefan Woischner, Yvonne Buschkühl und Edo Schmidt sich zudem Integration und Bildung auf die schwarz-weiß-grünen Fahnen geschrieben.

Wie sagte Adi Preißler einst so schön? »Entscheidend is' auf'm Platz.« Aber eben auch daneben …

Adresse Hammer Straße 302, 48153 Münster | ÖPNV Stadtbus 1, 5, 9, 17, Haltestelle P+R Preußenstadion | Öffnungszeiten bei allen Heimspielen, Mi 17 Uhr Fantreff, Do 9 – 12 Uhr Beratung | Tipp In der Nähe findet sich das Vereinsheim des Tennisclubs, in dem nach den Spielen noch Bundesliga geguckt werden kann.

23 Die Feldmann-WC-Anlage

In Kunst machen

Wenn man in einer Stadt unterwegs ist und der Wunsch nach einem Gang aufs »stille Örtchen« langsam dringlicher wird, späht man – meist widerwillig – nach einer öffentlichen Toilette. In Zeiten von SANIFAIR und Co. ist das zwar meist bei Weitem nicht mehr so unangenehm wie früher, Stichworte: Uringeruch, Hygienemängel ... aber ein Vergnügen ist es eben auch nicht. In Münster hingegen kann man – zumindest wenn es einen in der Innenstadt nötigt – eine echte Überraschung erleben. Denn am Domplatz gibt es ein öffentliches WC, das schon immer etwas anders war. Denn dieses suchen nicht die üblichen »Damen« und »Herren« auf, sondern seit 1955 – so die Beschilderungen über den jeweiligen Treppen – FRAUEN und MÄNNER. Steigen sie dort in Erwartung einer miefigen, verlängerten Kloake erstmals hinab, erwartet diese wie jene eine echte Überraschung: ein Kunstwerk!

Entworfen hat es der Düsseldorfer Konzeptkünstler Hans-Peter Feldmann im Rahmen der Skulptur-Projekte 2007. Seine Idee: Kunst als Dienstleistung, versehen mit einem Hauch Ironie. In Zusammenarbeit mit der Stadt Münster ließ er die Anlage komplett entkernen, von Grund auf renovieren und stilvoll mit dem ausstatten, was eine Toilette nun mal ausmacht. Anschließend begann er, sich dort künstlerisch auszutoben: farbige Fliesen, rote Klinken an den Kabinen, grünes Mosaik an den Trennwänden, ein bunter Kronleuchter aus Kunststoff, große Bilder von Blumen an den Wänden ... Dazu gibt es Hintergrundmusik und Raumparfüm. Wenn man es nicht besser wüsste, würde man sich im WC des Foyer eines In-Hotels wähnen. Auf besonderen Wunsch des Künstlers blieb die Anlage auch nach dem Ende der Skulptur-Projekte geöffnet und wird von ausgewähltem Personal stets sorgfältig gereinigt; zudem soll die Nutzung dauerhaft kostenfrei bleiben. Also FRAUEN und MÄNNER, nutzen Sie die Gelegenheit zu Geschäften in Kunst!

Adresse Domplatz, 48143 Münster | ÖPNV Stadtbus 4, 10, 11, 12, 14, Haltestelle Domplatz | Öffnungszeiten Mo, Di, Do, Fr 8–20 Uhr, Mi, Sa 5–20 Uhr, So 9.30–18 Uhr | Tipp Mittwochs und sonntags findet auf dem Domplatz der beliebte Wochenmarkt statt.

24 Der Fernmeldeturm

Der höchste Ort der Stadt

St. Lamberti, LVM-Gebäude, UKM-Bettentürme hin oder her – das imposanteste Gebäude der Stadt Münster ist und bleibt für viele auch das höchste: der in den Jahren 1985 und 1986 vom Bauunternehmen Oevermann nach einem Vorbild aus Kiel erbaute Fernmeldeturm »Münster 42«, der in einem Wohngebiet nahe der Wolbecker Straße steht und dort seinen langen Schatten wirft.

Ein paar Zahlen zur Einordnung: Die Stahlbetonkonstruktion wiegt circa 14.000 Tonnen und ist vom Fundament bis zur Spitze 229,5 Meter hoch. Der Betriebsraum befindet sich in einer Höhe von 108 Metern und hat einen Durchmesser von 40 Metern. Er beherbergt unter anderem mehrere Radio-Sendevorrichtungen, sowohl behördliche als auch Amateur-Funkanlagen und Mobilfunk-Basisstationen. In vergangenen Zeiten war er zudem wichtig für die Vermittlung von Telefongesprächen, die heute jedoch mehr und mehr über Glasfaserkabel realisiert wird. Das gilt in gleichem Maße für die Übertragung des Fernsehprogramms, weswegen im Laufe der Zeit immer mehr klassische Antennen abmontiert wurden. Im Gegenzug hat der Turm zuletzt 2007 eine neue Antenne für die frei empfangbare Aussendung der öffentlich-rechtlichen TV-Programme via DVB-T erhalten.

Für die Öffentlichkeit ist der Turm übrigens nicht zugänglich. Das könnte sich jedoch in Zukunft ändern: Der Eigentümer des Gebäudes, die Deutsche Funkturm GmbH, hat verlauten lassen, sich eine teilweise Vermietung vorstellen zu können. Diese Info ließ natürlich sofort die Phantasien sprießen, in ersten Gesprächen wurden Konzepte wie Restaurants oder Event-Locations diskutiert, die Stadt unterstützt die Idee grundsätzlich. Dann hätten künftige Besucher des Turms eine beeindruckende Aussicht: Die wenigen Glücklichen, die berufsbedingt regelmäßig hoch dürfen, schwärmen, bei gutem Wetter könne man bis nach Holland gucken. Zur Stadtsilhouette gehört der Turm aus allen Perspektiven.

Adresse Wolbecker Straße 268, 48155 Münster | ÖPNV Stadtbus 11, Haltestelle St.-Margareta-Kirche | Öffnungszeiten von außen zu besichtigen | Tipp In der Nähe finden sich der Lohaus- und der Honebach und laden zu einem Spaziergang – festes Schuhwerk zu empfehlen.

25 Fiffis Zuhause

Wo Felix Gerritzen gelebt hat

Felix Gerritzen, meist liebevoll »Fiffi« genannt, hat in Münster, das kann man schon schreiben, Legendenstatus. Der Name des 1927 in Oldenburg geborenen und 2007 in Münster verstorbenen ehemaligen Fußballspielers klingt jenseits der Stadtgrenzen vielleicht nicht ganz so glanzvoll wie Walter, Rahn und Co. Aber gespielt hat er mit ihnen, und das durchaus auf Augenhöhe. Und zumindest in Münster wird man das auch nicht vergessen: Im Preußenstadion ist seit der Saison 2013/14 die ehemalige Ostkurve nach Gerritzen benannt, die Geschäftsstelle des Vereins liegt am Fiffi-Gerritzen-Weg 1.

Aufgewachsen ist Gerritzen in Oldenburg und wurde wie viele seiner Generation mit 16 Jahren zum Kriegsdienst eingezogen und geriet in sowjetische Gefangenschaft. Nach seiner Rückkehr nahm er seine fußballerische Tätigkeit wieder auf und unterstützte seinen Heimatverein, den VfB Oldenburg. 1950 dann der Wechsel nach Münster, das Jahr darauf sollte denn auch gleich das erfolgreichste seiner Fußballkarriere werden: Vizemeisterschaft mit dem berüchtigten »100.000 DM-Sturm« der Preußen und Berufung in die A-Nationalmannschaft durch Sepp Herberger, Debüt und direkt Torschütze zum 2:1 (Ergebnis 3:2) gegen die Schweiz. Die WM drei Jahre später sollte er jedoch verletzungsbedingt verpassen, seine Chancen hätten wohl nicht schlecht gestanden. Noch vor dem Finale um die Deutsche Meisterschaft 1951 soll es für ihn üppige Angebote aus Italien gegeben haben. Gerritzen aber blieb Münster und den Preußen treu, die jedoch bis heute nie wieder an ihren einstigen Erfolg anknüpfen konnten. Sein letztes von 166 Spielen für den SCP bestritt er 1958 in der Oberliga West, insgesamt schoss er 83 Tore für die Adlerträger – und sich damit bis heute in die Herzen der Fans.

Das Wohnhaus der Familie Gerritzen befindet sich in der Diepenbrockstraße und ist Teil der Fußball-Route Münster/NRW.

Adresse Diepenbrockstraße, 48145 Münster | **ÖPNV** vom Bahnhof aus zu Fuß erreichbar | **Öffnungszeiten** nur von außen zu besichtigen | **Tipp** In der Diepenbrockstraße finden Sie auch das »Kulturzentrum Kreativ-Haus e. V.«.

26 Die Fischbrathalle

Seit 1926

Eine Fischbrathalle inmitten Westfalens? Eine etwas überraschende Vorstellung, zugegeben. Und wenn man das Lokal am Rosenplatz betritt, fühlt man sich tatsächlich ein wenig an einen anderen Ort versetzt und könnte – wenn man es nicht besser wüsste – denken, man wäre im Urlaub in einem kleinen Küstenort an der Ost- oder Nordsee. Da Münsters Fischbrathalle allerdings schon seit beinahe einem Jahrhundert existiert und noch heute fast durchgehend volles Haus und seit Jahren zahlreiche Stammgäste hat, die regelmäßig darauf warten, dass sich die Türen öffnen, scheint das ja dann doch ganz gut zu passen.

Eröffnet wurde das Lokal bereits 1926, mittlerweile wird es in der vierten Generation von der Familie Meyer betrieben und zählt damit zu den ältesten Familienbetrieben der Stadt. Man legt seitens der Inhaber großen Wert darauf, dass der servierte Fisch in all den Jahren und Jahrzehnten stets von Frische und hoher Qualität war und ist. Zudem verwende man traditionell nach Möglichkeit stets regionale Produkte, etwa Kartoffeln aus Coerde oder Milchprodukte aus Handorf. Für alle Produkte, insbesondere aber für den Fisch, sei auch Nachhaltigkeit und Rücksichtnahme auf die Bestände stets ein großes Anliegen; weswegen der weitaus größte Teil aus Wildfang und MSC-zertifiziert sei.

Manche Besucher, die das Restaurant zum ersten Mal betreten, wundern sich vielleicht etwas über das »nostalgische« Ambiente, andere lassen sich schnell vom besonderen Charme des Lokals anstecken und loben, dass man hier den Wurzeln treu geblieben sei. Weitestgehende Einigkeit hingegen besteht über die Qualität der angebotenen Speisen. Ob das 4-Gänge-Menü, etwas Saisonales von der Tageskarte oder ein Klassiker wie gebackener Seelachs, Rotbarsch oder Kabeljau (»seit 1926 der Renner«), Fisch-Fans kommen auf ihre Kosten. Mitten in Westfalen.

Warum eigentlich nicht?

Adresse Schlaunstraße 8, 48143 Münster | ÖPNV Stadtbus 5, 6, 9, 16, Haltestelle Kreuzschanze | Öffnungszeiten Di–Sa 11–15 Uhr | Tipp In unmittelbarer Nähe finden Sie den Buddenturm, Teil der ehemaligen Verteidigungsanlage.

27 Der Flugzeugspielplatz

Grüß mir die Sonne!

Spielplätze gibt es für Münsters Nachwuchs reichlich – sage und schreibe 314 an der Zahl. Besonders liebevoll gestaltet und jungen Eltern bestimmt noch aus eigenen Kindertagen bekannt ist der an der Promenade / Ecke Kanalstraße. Neben den üblichen Attraktionen wie Schaukeln, Spielhäuschen, Sandkisten und Klettergerüsten für die Kleinen und einem Teil für größere Kinder mit anspruchsvolleren Gerüsten, Schaukeln und einer Doppelwippe für vier gibt es zudem noch eine echte Besonderheit: Mitten in der Sandkiste steht ein begehbares Flugzeugmodell! Kleine Pilotinnen und Piloten mit viel Phantasie können hier gemeinsam an Bord gehen und gedanklich schon einmal die Reise in den nächsten Urlaub starten – das »Fliegende Klassenzimmer« lässt grüßen.

Nicht nur gedanklich, auch im wahrsten Sinne des Wortes abheben kann man hier zusätzlich. Denn auf dem Platz steht seit einigen Jahren ein sogenannter »Schnullerbaum«. An jedem ersten Mittwoch von Mai bis September (14.30 Uhr) können mutige Kinder mit dem Hubsteig gen Himmel fahren und ihren Schnuller gebührend verabschieden, indem sie ihn an einen Ast der Roteiche hängen. Ein besonderer Moment, der sicherlich dazu beitragen kann, dass man den geliebten »Schnulli« dann vielleicht gar nicht so sehr vermisst.

Für die begleitenden Eltern ist zudem das Umfeld attraktiv: »Raphaels Eismanufaktur« liegt um die Ecke, und auch die »roestbar« ist mit der Filiale im Kreuzviertel vertreten, sodass ein »Coffee to go« oder – bei den Kleinen wesentlich beliebter – ein Eis auf die Hand genossen werden kann.

Immer gern gesehen sind auf Münsters Spielplätzen außerdem die Spielplatzpatinnen und -paten, die sich ehrenamtlich verpflichten, ihren Lieblingsplatz im Blick zu behalten, als Ansprechpartner für Kinder und Anwohner zu dienen und Mängel und Verschmutzungen zu beheben oder der Stadt zu melden.

Adresse Coerdeplatz, 48147 Münster | ÖPNV Stadtbus 1, 6, 8, 15, Haltestelle Altstadt/Bült | Öffnungszeiten jederzeit | Tipp Für die kleine Nascherei zwischendurch empfiehlt sich das Café »Monsieur Macaron« gleich nebenan.

28 Die Frauenstraße 24

Krieg, Besetzung und noch nicht zahm

Das Gebäude (und die Institution), kurz und liebevoll von allen einfach »F24« genannt, residiert unter der heutigen Anschrift Frauenstraße 24. Und befindet sich dort in etwa zwischen der Überwasserkirche und dem Schloss, an einem der tatsächlich ältesten Wegnetze der münsterschen Innenstadt. Dies wird unter anderem dadurch deutlich, dass die Frauenstraße in den Geschichtsbüchern unter anderem als »platea beatae Mariae virginis«, »Unser vrouwen strate«, später als »Unser lieben Frawen Straß« und schließlich als »Liebfrauenstraße« dokumentiert ist. Eine Adresse mit Historie also, doch die »24« dort ist noch mal eine besondere Nummer.

Das Haus mit der aufwendigen Fassadengestaltung wurde Anfang des 20. Jahrhunderts liebevoll gestaltet und sieht noch heute schmuck aus. Anders als viele andere Gebäude überstand es wie durch ein Wunder das Bombardement des Zweiten Weltkriegs nahezu unbeschadet und wurde um 1950 saniert und der damaligen Sozialbindung für Wohnraum unterstellt.

Daher kann es geradezu als Hohn gelten, dass ein gewisser Makler namens Stürmer den Abriss und Neubau erwirken wollte, die Stadt indes legte ihr Veto ein. Es folgten die 1970er Jahre und die seinerzeit naheliegende Besetzung, die in der »F24« bis 1981 andauern sollte, mäandernde politische Debatten, neuerliche Abrisspläne und angedachte Anschläge inklusive.

1977 gründeten die Bewohner den »Verein zur Erhaltung des Hauses Frauenstr. 24 und zur Unterhaltung eines Kulturzentrums e. V.«, der als »KulturVerein Frauenstraße 24 e. V.« weiterbesteht und Kultur, Kunst und Bildung vor Ort fördert. Die gleichnamige Kneipe im Erdgeschoss des Gebäudes, einst von der Hausverwaltung selbst betrieben, genießt weiterhin, wenn auch inzwischen privatwirtschaftlich, Kultstatus. Und der bewegten Geschichte der »F24« wird dort, zum Beispiel mit alten Fotos oder auch dem »Hausbesetzer_innenteller«, stets gedacht.

Adresse Frauenstraße 24, 48143 Münster | ÖPNV Stadtbus 1, 5, 9, Haltestelle Schlossplatz | Öffnungszeiten Veranstaltungen auf www.f24-kultur.de, Kneipe Mo–Sa 12–16 und 17.30–21.30 Uhr | Tipp Am Schlossplatz findet sich ein kleiner Gebetsraum, der für Freitagsgebete genutzt werden kann.

29 Freuynde + Gaesdte

Theater an ungewöhnlichen Orten

Wenn man nach ungewöhnlichen Orten in Münster sucht, kommt man an »Freuynde + Gaesdte« nicht vorbei. Es handelt sich dabei um ein Freies Theater, das seit den späten 1990er Jahren bereits über 80 Bühnenstücke, Lesungen und sogar schon Filme produziert hat, womit man in über 2.000 Veranstaltungen mehr als 90.000 Zuschauer erreichen konnte. Die Stadt bezeichnet »F+G« denn auch stolz als »Münsters erfolgreichstes freies Theaterensemble«.

Zugegeben: Eine Heimat als festen Ort im Sinne dieser Sammlung hat das Theaterensemble nicht. Doch genau das ist Sinn der Übung – versteht man sich doch ausdrücklich als Locationtheater. Gespielt wird demnach je nach Inszenierung stets an einem anderen außergewöhnlichen Ort, und damit passt die Truppe rund um Anke Winterhoff und Zeha Schröder dann doch wieder in das Konzept der »111 Orte«. Auszug gefällig? »Der Totmacher« – die Geständnisse des Serienmörders Fritz Haarmann, aufgeführt in der Zelle des Zwingers. »Der Seefahrer« nach Fernando Pessoas Drama von 1913, aufgeführt unter anderem auf (!) dem Aasee. »Hyperion 11.9« konfrontiert Hölderlin mit dem 11. September 2001, in der obersten Etage des Iduna-Hochhauses. »Ich Jekyll« nach Robert Louis Stevensons »Der seltsame Fall des Dr. Jekyll und Mr. Hyde«, aufgeführt im Anatomischen Hörsaal. »Leyden« nach den Verhörprotokollen des »Täuferkönigs« Jan van Leiden, aufgeführt in der Tiefgarage am Domplatz. Und immer wieder das Blaue Haus. Das Motto dabei lautet: »Klein aber fein!«

»Zwar muss es nicht immer so eng zugehen wie im Kellerverlies … aber die wirklich großen Säle wird man bei ›F+G‹ nicht finden«, so die Macher. Trotzdem erfreue sich das Theater an ungewöhnlichen Orten großer und stetig wachsender Beliebtheit. Besonders stolz ist man zudem auf die mittlerweile regelmäßigen Einladungen zu überregionalen und internationalen Festivals. Da darf es auch mal eine Nummer größer sein.

Adresse Kreuzstraße 16, 48143 Münster | ÖPNV Stadtbus 5, 15, 16, Haltestelle Kuhviertel Rosenplatz | Öffnungszeiten Blaues Haus: Mo–Sa ab 12 Uhr, Vorstellungen: www.f-und-g.de | Tipp Ganz in der Nähe finden Sie das Kulturzentrum »Trafostation Münster«.

30_Die Friedenskapelle

Unter goldenen Kronleuchtern

Die Friedenskapelle am Friedenspark wird von der Stadt Münster als »Konzertsaal mit Charme und Atmosphäre« bezeichnet. Das Gebäude ist das Herzstück des Friedensparks in Loddenheide – eigentlich ein Gewerbegebiet, der Park nimmt allerdings viel Raum ein und erinnert unter anderem an die ehemals militärische, heute friedliche Nutzung des Areals. Es handelt sich bei dem 1953 eingeweihten Gebäude, das seinerzeit von den Engländern als Garnisonskirche »All Saints Chapel« genutzt und 2003 auf Betreiben des Ratio-Gründers Egbert Snoek umfassend renoviert wurde, tatsächlich erst einmal »nur« um einen Konzertsaal. Allerdings um einen der renommiertesten der Stadt, der mit elegantem Ambiente unter ausladenden goldenen Kronleuchtern durchaus zu beeindrucken weiß.

Geboten wird ein vielfältiges musikalisches Programm nach dem Motto »Ernstes wie Unterhaltsames, Bewährtes wie Neues – immer jedoch Erstklassiges«. Ein »außergewöhnliches Ambiente, hervorragende Akustik und eine herzliche Betreuung« mache die Kapelle aus und sorge »für einen besonderen musikalischen und kulturellen Genuss«, so die Betreiber. Dabei sehe man durchaus auch die eigene gesellschaftliche und soziale Verpflichtung, und so wird beispielsweise im Rahmen der fidolino-Kinderkonzerte musikalischer Nachwuchs vor und auf der Bühne gefördert. Bei der Bewirtung der Gäste greift man nach Möglichkeit auf nachhaltige, regionale und fair gehandelte Produkte zurück und ermöglicht generell barrierefreien Zugang.

Neben dem musikalischen Programm kann die Friedenskapelle zudem von Privatpersonen, Firmen und Vereinen gemietet werden, beispielsweise für Empfänge, Hochzeiten oder Jubiläen, bei denen, selbstverständlich, auch getanzt werden darf. Bis zu 230 Besucher finden dann vor Ort Platz; werden Tische benötigt, immerhin noch bis zu 160 Gäste. Im charmanten Rahmen unter den goldenen Leuchtern.

Adresse Willy-Brandt-Weg 37B, 48155 Münster-Gremmendorf | **ÖPNV** Stadtbus 6, 8, Haltestelle Friedenspark | **Öffnungszeiten** Programm unter Tel. 0251/696444 oder www.friedenskapelle.ms | **Tipp** Nicht weit entfernt können sich Fußballfans in der Soccerhalle Rummenigge austoben.

31 Der Friedenspark

Wo einst scharf geschossen wurde

Früher wurde hier scharf geschossen. Dann kam der Dalai Lama zu Besuch und pflanzte einen ersten Baum – als Zeichen des Friedens.

Es muss ein feierlicher Akt gewesen sein: Am Sonntag, den 7. Juni 1998 versammelte sich auf Einladung der damaligen Oberbürgermeisterin von Münster Marion Tüns eine Delegation von Gästen auf dem Schießstand des einstmaligen britischen Kasernengeländes auf der Loddenheide im Südosten der Stadt. Ehrengast: niemand Geringeres als Tenzin Gyatso, Seine Heiligkeit der 14. Dalai Lama von Tibet. Anlass war das Gedenken des 350. Jahrestages des Westfälischen Friedens. Der Friedensnobelpreisträger nahm den Besuch zum Anlass, den Münsteranern unter dem Motto »My Visions for Tibet« seine Visionen von der Zukunft Tibets zu erläutern, und kam der Einladung zum Pflanzen des ersten Baums – einer damals sechs Meter hohe Kastanie – gern nach.

Die Idee dahinter: Der Friedensbaum sollte »Keimzelle eines 15 Hektar großen Parks« sein, das zentrale Element eines Gewerbegebiets mit »modellhaft gewerblichen Arbeitsplätzen auf dem ausgedehnten ehemaligen Militärgelände«. Dieses Projekt konnte mittlerweile nahezu vollständig realisiert werden, so die Stadt Münster. »Mit dem Park erhalten die Bürgerinnen und Bürger das seit 60 Jahren unzugängliche, insgesamt 88 Hektar große Kasernengelände zurück.«

Die Loddenheide sei ein herausragendes Beispiel für friedliche Umnutzung militärischer Liegenschaften. Im Zentrum des als Backstein-U befestigten Schießstandes, der später zur Hälfte abgetragen wurde, entstand so ein Ort der Ruhe und Erholung. Die Kastanie des Dalai Lama erhielt zudem eine Rundbank, von der der Blick auf Wasserflächen, einen Hügel mit Rotbuchen, Spielflächen, eine von alten Bäumen umgebene ehemalige Kirche und die seinerseits von den Gästen ebenfalls gepflanzten sechs Friedenslinden fällt.

Adresse Gustav-Stresemann-Weg 23, 48155 Münster-Gremmendorf | **ÖPNV** Stadtbus 6, 8, Haltestelle Friedenspark | **Öffnungszeiten** jederzeit | **Tipp** Hier finden Sie auch einen kleinen See und Spielangebote für Kinder.

32 Die Fundfahrradstation

Leezenheim

Das Fahrrad ist in Münster mit über 40 Prozent Nutzungsanteil das wichtigste Verkehrsmittel. Statistisch betrachtet ist jeder Münsteraner denn auch im Besitz von sage und schreibe eineinhalb »Leezen«, so die liebevolle Bezeichnung der Einwohner für ihre Drahtesel.

Das wären dann aktuell fast eine halbe Million – und die müssen natürlich auch irgendwo hin. Was sich wiederum deutlich im Stadtbild niederschlägt, vor allem am und um den Hauptbahnhof herum, aber auch fast überall sonst. Besonders ärgerlich ist dabei die Zahl der verwahrlost und/oder herrenlos anmutenden oder verboten abgestellten Räder. Dementsprechend hat die Stadt schon vor Jahren angefangen, diese nach vorheriger Ankündigung regelmäßig einzusammeln und in die Fundfahrradstation zu transportieren, wo zeitweise weit über 1.000 Räder zwischengelagert sind. Dort haben die Besitzer dann noch für einige Zeit die Gelegenheit, ihre Leeze wieder abzuholen, selbstverständlich kostenfrei, Voraussetzung ist allerdings ein Eigentumsbeleg in Form eines Schlüssels oder der Rahmennummer. Verstreicht die Frist indes, werden noch brauchbar erscheinende Räder in regelmäßigen Abständen versteigert. Dabei winkt erfahrungsgemäß so manches Schnäppchen, und gerade Neumünsteraner haben hier die Gelegenheit, sich mit einem stadt- und standesgemäßen mobilen Untersatz auszustatten. Auf solch ein günstiges Gebrauchtgefährt zu setzen ist übrigens nicht die schlechteste Idee, da hochwertigere Räder in Münster auch unabhängig von städtischen Eingriffen gern mal »abhanden kommen« – und dann leider nicht wie von Zauberhand wieder in der Fundfahrradstation auftauchen.

Komfortabel und mutmaßlich ein Alleinstellungsmerkmal ist, dass die Fundfahrradstation Münster über eine eigene Bushaltestelle verfügt – besonders, wenn man den Rückweg mit seinem wiedergefundenen Rad antreten kann, wenn es vielleicht einen »Platten« hat.

Adresse Industrieweg 75, 48155 Münster-Hafen | ÖPNV Stadtbus 17, Haltestelle Fundfahrradstation | Öffnungszeiten Mo–Mi und Fr 8–12 und 13–16 Uhr, Do 8–12 und 13–18 Uhr, Fr 8–13 Uhr, Tel. 0251/4923451 | Tipp In der Nähe finden Sie einen Einstieg zum Kanal in Richtung Hiltrup.

33 Der Gartensaal

Ort der Ruhe im Herzen der Stadt

Ein Rundgang durch den Dom gehört nicht nur für Besucher der Stadt zum festen Programmpunkt, auch viele Münsteraner genießen – beispielsweise in ihrer Mittagspause – einen besinnlichen Moment der Ruhe in dem beeindruckenden Bauwerk auf der kleinen Anhöhe Horsteberg inmitten der Stadt.

Etwas Mut muss man aufbringen, um währenddessen im Bereich des nördlich gelegenen Ausgangsportals die Türen zu öffnen, erwecken sie doch den Eindruck, dass dahinter ein Bereich liegen könnte, der nicht für Besucheraugen gedacht ist. Doch der Schein trügt, und der Mut, die Holztüren zu öffnen und zu durchschreiten, wird belohnt: Dahinter nämlich verbirgt sich der ab 1390 errichtete sogenannte Kreuzgang, von dem aus man wiederum die Sakristei, die Marienkapelle, die Domkammer und den Gartensaal, auch »Kachelzimmer« oder schlich »das blaue Zimmer« genannt, erreicht – und beim erstmaligen Betreten baff sein dürfte.

Denn was man im Dom wirklich nicht erwarten konnte, ist ein »Hinterzimmer«, das wirkt wie ein Festsaal im Rokokostil. Der Name beziehungsweise die Namen sind Programm, denn der Gartensaal beeindruckt mit seiner Vertäfelung aus strahlend blau bemalten Majolika-Platten von den Böden bis zur Stuckdecke und einem herrlichen Blick nach draußen. Umso beeindruckender, wenn man weiß, dass es sich um eine mühsame Rekonstruktion aus den Scherben des Zweiten Weltkriegs handelt – das ursprüngliche Kachelzimmer wurde bei dem Bombenangriff vom 10. Oktober 1943 zerstört.

Der Überlieferung zufolge war der Gartensaal einst das Lieblingsplätzchen von Bischof Clemens August Graf von Galen, der dort nach dem Mittagessen gern eine Siesta gehalten oder sich ein Pfeifchen gegönnt haben soll. Passend dazu hat er unweit von seinem »Kachelzimmer« in der Ludgerus-Kapelle im Dom auch seine letzte Ruhestätte gefunden.

Adresse Domplatz, 48143 Münster | ÖPNV Stadtbus 4, 10, 11, 12, 14, Haltestelle Domplatz | Öffnungszeiten Mo – Sa 6.30 – 19 Uhr, So 6.30 – 19.30 Uhr | Tipp Am Freitag findet auf dem Domplatz der alternative ökologische Bauernmarkt statt.

34_Der Gasballonstartplatz

Glück ab und gut Land …

Eine Warnung vorab: Der Besuch dieses Ortes hat schon so manch einen in der Folge eine gehörige Menge Freizeit gekostet. Denn aus eigener Erfahrung, wenngleich an anderer Stelle, kann berichtet werden, dass einen das Ballonsportfieber ganz schnell packt. Die Rede ist hier vom – umständlicher Name – »Gasballonstartplatz Ferdinand Eimermacher des Freiballonsport-Vereins Münster und Münsterland e. V.« am Rüschhausweg.

Auch ohne selbst mitzufahren (nicht -fliegen, hierauf wird in der Szene größter Wert gelegt), ist so ein Ballonstart eine faszinierende Angelegenheit, der Anfänger wie auch alte Hasen jedes Mal aufs Neue in eine elektrisierte Stimmung versetzt. Entweder finden die Vorbereitungen schon des Nachts statt, um in den frühen Morgenstunden in den Sonnenaufgang starten zu können; oder am Nachmittag, um in den Sonnenuntergang zu fahren. Neben dem Piloten und dem Fahrer des Verfolgungsfahrzeugs sind oft noch zahlreiche weitere helfende Hände am Werk, um den Korb aufzustellen und die Ballonhülle auszubreiten. Wenn sie höflich fragen, dürfen Sie sicher selbst mit anpacken.

So oder so, langweilig wird es selten, denn meist lassen die alten Hasen jetzt schon so manch Anekdote vom Stapel. Während der Befüllung richtet sich der Ballon dann ab einem gewissen Punkt auf, und nun kann, nach letzter Rücksprache mit dem Wetterdienst, der Start ins Ungewisse erfolgen. Ins Ungewisse? Keine Angst! Wenn alle wissen, was sie tun, ist das Ganze nicht etwa gefährlich. Lediglich Richtung und Ziel sind unklar, denn darüber entscheidet einzig der Wind.

Interessierte sind meist herzlich eingeladen, sich der Verfolgung des Ballons anzuschließen, um so auch der Landung beiwohnen zu können, wo Jungfernfahrer meist noch eine feierliche »Ballontaufe« erhalten. Wer zugucken oder selbst einmal mitfahren will, meldet sich einfach vorher per E-Mail beim Verein.

Adresse Rüschhausweg 491, 48161 Münster-Nienberge | **ÖPNV** Stadtbus 5, Haltestelle Schonebeck | **Öffnungszeiten** immer geöffnet, www.fsv-muensterland.de | **Tipp** Am in der Nähe gelegenen Gievenbach finden Sie die Ziegenwiese, wo verschiedene Veranstaltungen stattfinden.

35 Das Gasometer

Ein Gasriese

Wenn man vom Albersloher Weg kommend nach Münster hineinfährt, ist das dort befindliche Gasometer einer der ersten für Münsters Stadtbild typischen Anblicke. Der gut 50 Meter breite wie hohe und damit 75.000 Kubikmeter fassende Erdgasspeicher der Stadtwerke wurde im Jahr 1952 erbaut und war seitdem über 50 Jahre in Betrieb. Erst 2005 wurde das Gasometer durch eine deutlich größere, unterirdische Speicherlösung bei Albachten abgelöst und steht seither unter Denkmalschutz.

Wie man in dem offenen Gerippe Gas speichern konnte, erschließt sich dem Laien jedoch nicht direkt. Die Stadtwerke Münster erklären es wie folgt: Den eigentlichen Behälter kann man nur sehen, wenn er mit Gas gefüllt ist, was ja längst nicht mehr der Fall ist. Wäre dem so, würde er im Inneren der Stahlkonstruktion als eine Art schwarzfarbige Glocke erkennbar sein und – je nach Füllstand – mit dem Gas im Behälter quasi teleskopartig nach oben herausfahren. So konnte man quasi schon von außen erkennen, ob das Gasometer gut gefüllt war oder fast leer, den genauen Füllstand verriet zudem eine Gasuhr, die immer noch da ist, heute jedoch natürlich auf null steht. Der blaue Sockel diente übrigens als Dichtungsvorrichtung, er war mit Wasser gefüllt, in dem der Gasbehälter schwamm wie eine umgedrehte Schüssel in einem Eimer.

Die Stadt sucht nach einer alternativen Nutzungsmöglichkeit für das Gasometer. Ideen gab es viele: Automuseum, Aussichtsplattform, Kletterhalle – nichts davon wurde bisher in die Tat umgesetzt. Überaus erfolgreich war allerdings die vorübergehende Nutzung des Gasometers als Kulisse für Kunst und Kultur. So wurde dort vom Wolfgang Borchert Theater Shakespeares »Sommernachtstraum« inszeniert, die Künstlergruppe »Sozialpalast« trat auf, und die Münsteraner Band »Good Morning Fire Eater« drehte dort ein Musikvideo. Neueste Idee: 430 Wohncontainer! Platz genug wäre …

Adresse Boelckeweg 3, 48155 Münster-Gremmendorf | ÖPNV Stadtbus 6, 8, Haltestelle Nieberdingstraße | Öffnungszeiten von außen zu besichtigen | Tipp Die Feuerwache 2 ist nahe dem Gasometer gelegen. Architektonisch (nicht nur, aber auch für Fotografierende) im Hafen-/Kanalumfeld – sehr reizvoll.

36 Die Ghost Bikes

Mahnmale für die tägliche Gefahr

Im Jahr 2014 tauchte am Rand der Wolbecker Straße stadteinwärts auf Höhe der Auffahrt zur B 51 Münsters erstes »Ghost Bike« auf. Auf der Straße daneben waren noch die Spuren des traurigen Anlasses zu erkennen: Die Kennzeichnung des Unfallhergangs der Polizei an der Stelle, an der ein 88-jähriger Radfahrer tags zuvor von einem Lkw überfahren wurde und später im Krankenhaus seinen schweren Verletzungen erlag.

Aufgestellt wurde das Ghost Bike zu Ehren des Opfers im Rahmen der »Critical Mass Münster«, einer lose organisierten Fahrrad-Stadtrundfahrt an jedem letzten Freitag im Monat (mittlerweile ist der Start am Domplatz), die eigentlich Spaß machen und gleichzeitig auf die Belange des Radverkehrs aufmerksam machen will. Die rund 30 Teilnehmer wollten dem Mann damit und mit einer Schweigeminute am Unfallort auf ihre Art die letzte Ehre erweisen und gleichzeitig ein Zeichen setzen.

Der Trend, weiß getünchte Räder an Orten aufzustellen, an denen Menschen zuvor mit dem Fahrrad tödlich verunglückt sind, stammt aus den USA. Neben ihrer Funktion als Gedenkstätte sollen die Ghost Bikes auch auf das Gefahrenpotenzial an der jeweiligen Unfallstelle hinweisen und nicht zuletzt Aufmerksamkeit erzeugen: »Es muss etwas passieren«, so Mathias Wüstefeld vom ADFC Münster, der das Rad spontan organisiert hatte und sichtlich ergriffen war. »Rechtsabbiegeunfälle sind angeblich Einzelfälle. Dann war das jetzt innerhalb kürzester Zeit also der dritte Einzelfall. Für mich ist die Critical Mass heute keine Spaßveranstaltung, sondern eine sehr nachdenkliche.«

Nur wenige Wochen zuvor waren bereits am Ring und im Hansaviertel zwei Radfahrerinnen von abbiegenden Kraftfahrzeugen erfasst und schwer verletzt worden. Weitere Ghost Bikes sollen künftig auch an anderen Stellen in der Stadt aufgestellt werden, so es denn neuerliche, zu betrauernde Anlässe hierfür geben sollte.

Adresse Wolbecker Straße 237, 48155 Münster-Mauritz | **ÖPNV** Stadtbus 11 und 14, Haltestelle Institut der Feuerwehr | **Anfahrt** mit dem Rad stadtauswärts hinter dem Kanal | **Tipp** In der Nähe findet man den »Kleingärtnerverein-Große Dahlkamp e. V. Münster von 1921«.

37 Die Giant Pool Balls

Steine des Anstoßes?

Nur die Älteren werden sich noch erinnern: an den Anblick des Aasees ohne die drei großen Billardkugeln. Für alle anderen sind sie ein echtes Wahrzeichen der Stadt; wo immer man ein Foto von ihnen vor dem Wasser sieht, weiß man, es handelt sich um ein Bild aus Münster.

Tatsächlich sind sie aber keinesfalls so alt, wie man denken könnte, sie kamen erst anlässlich der Skulptur-Projekte 1977 in die Stadt. Und eigentlich war das auch alles anders geplant. Ganze 16 Kugeln, wie beim Pool-Billard üblich, wollte der Künstler Claes Oldenburg über die Stadt verteilen. Die Idee war Münster als riesiges Spielfeld, wenn man so möchte. Vergrößerung von alltäglichen Gegenständen ist ein beliebtes Motiv von Oldenburg, der wie Andy Warhol und Roy Lichtenstein zu den wichtigen Vertretern der amerikanischen Pop-Art gehört. Leider war sein Budget klein und schon nach drei Kugeln Schluss. Jede von denen hat – aus je zwei Halbkugeln zusammengesetzt – allerdings dreieinhalb Meter Durchmesser und ist stolze elf Tonnen schwer.

Die Kugeln prägen nicht nur das Bild am Aaseeufer, sie haben im Laufe der Jahre auch immer wieder die Phantasie der Münsteraner angeregt: Ein Kunststudent baute sich dort ein provisorisches Wohnzimmer, ein anderer schubste aus Protest eine vierte Kugel aus Styropor in den See. Auch auf die echten Kugeln gab es einen »Anschlag«. So versuchten laut medialer Überlieferung etliche Gäste einer mutmaßlich feuchtfröhlichen Feier im Anschluss tatsächlich, auch eine der drei Betonkugeln ins Wasser zu bugsieren – allerdings erfolglos. Dass sie darüber hinaus immer wieder mehr oder weniger kunstvoll von Sprayern dekoriert werden – geschenkt. 1977 war man übrigens in ernster Sorge, ob die Kugeln die Idylle der Aasee-Parkanlage stören könnten.

Man kann heute ruhigen Gewissens entgegnen: Stören würde es nur, wenn sie weg wären.

Adresse Adenauerallee, 48149 Münster | ÖPNV Stadtbus 10, 14, Haltestelle Bismarckallee | Tipp Auf den Wiesen hier wird im Sommer gern und viel gegrillt. Bitte den Müll wieder mitnehmen!

38 Das Glockenspiel

Münsters Herzschlag

Manche Dinge bemerkt man erst, wenn sie nicht mehr da sind. So auch das Glockenspiel im Stadthausturm am Prinzipalmarkt, an dem man so oft vorbeiging, ohne es zu würdigen; und das dennoch durch sein Spiel stets gegenwärtig war.

Bis es am 21. März 2021 verstummte. Es bestand für Liebhaber aber kein Anlass zur Sorge – der Grund waren lediglich Bauarbeiten am Turm, die sich allerdings als recht aufwendig erwiesen und ganze 20 Monate in Anspruch nehmen sollten. Pünktlich zur Adventszeit im Jahr 2022 konnten sie jedoch abgeschlossen werden, und seither erklingt auch wieder – wie gewohnt mehrmals täglich – das Glockenspiel mit seinen, wie die Stadt es nennt, »traurigschönen Melodien«. Darunter finden sich Evergreens wie »Am Brunnen vor dem Tore«, »Guten Abend, gute Nacht« und »Die Gedanken sind frei«, zudem viel Saisonales, etwa bekannte Weihnachtslieder wie »O du fröhliche, o du selige« oder »Kein schöner Land in dieser Zeit« zu Beginn der warmen Jahreszeit. Das Ganze ist, wenn man so möchte, übrigens ein Wunschkonzert, denn die 30 Stücke wurden in einer Abstimmung von der Leserschaft der »Münsterschen Zeitung« ausgewählt. Die Melodien werden dabei in der Regel elektronisch abgespielt, besonders begeistern allerdings die gelegentlichen Live-Konzerte.

Das Glockenspiel findet man in 32 Meter Höhe hängend im obersten Stockwerk des Stadthausturms am südlichen Prinzipalmarkt, gut zu hören ist es auch gegenüber im Rathausinnenhof. Es besteht aus 14 Glocken und findet sich dort seit September 2001, wurde von der Kulturstiftung der Sparkasse Münster, den Gebrüdern Nonhoff und dem Stadtheimatverein Münster gestiftet und den Münsteranerinnen und Münsteranern als Geschenk übergeben. Nun schlägt es wieder, und so mancher verweilt gern einen Augenblick und lauscht mit einem Lächeln den altbekannten Melodien: Stimmt, da war ja was!

Adresse im Stadthausturm, Prinzipalmarkt 13, 48143 Münster | ÖPNV Stadtbus 2, 4, 11, 14, Haltestelle Klemensstraße | Tipp Im Rathausinnenhof steht die Skulptur »Toleranz durch Dialog« von Eduardo Chillida.

39 Die Goethe-Gedenktafel

1792

Johann Wolfgang von Goethe gilt vielen Städten als verbunden. Man denkt sofort an Frankfurt, Ilmenau und natürlich Weimar, aber auch an Wetzlar, wo er einst glücklos seine »Lotte« traf. Dass es den Dichterfürsten zu Lebzeiten auch ins Westfälische verschlug und er gar ganze drei Tage in Münster selbst weilte und zur Krönung eine Runde um die »Promme« drehte, ist weniger bekannt.

Davon zeugt eine Gedenktafel in der Grünen Gasse, Hausnummer 34, auf der geschrieben steht: »Im Jahre 1792 weilte in diesem Hause Goethe als Gast der Fürstin Gallitzin.« Dem Ereignis hat der frühere Pressesprecher des Bistums Münster das Buch »In diesem frommen sittlichen Kreis. Goethe in Münster« gewidmet. Er beschreibt darin ausführlich die Ereignisse und ihre Tragweite. So sei die Anreise im Jahr 1792 auf dem Rückweg von einem Feldzug in Frankreich – stundenlang per Kutsche in winterlich-regnerischen Landen – beschwerlich gewesen, und zur Krönung gab es kein freies Zimmer mehr im Hotel »Zur Stadt London«. Das Ansinnen des Universalgelehrten war ein Treffen mit dem damaligen sogenannten »Kreis von Münster«, einer Gruppe von Gelehrten der Literatur, Philosophie und Theologie rund um die Fürstin Amalie von Gallitzin und den Universitätsgründer und Generalvikar Franz von Fürstenberg. Darunter waren auch der Bildungsreformer Bernhard Overberg, die Gebrüder Droste zu Vischering und Graf Friedrich Leopold zu Stolberg.

Durchaus beeindruckt gewesen sein soll Goethe von der Frömmigkeit des katholischen »Kreises von Münster«, auch wenn er selbst ja eher nicht – die Gretchenfrage lässt grüßen – als Vorzeigechrist galt.

Zum Abschluss gab es, der Überlieferung nach, dann noch eine Runde über die seinerzeit erst frisch angelegte Promenade. Des Meisters Fazit zu seinem Besuch in der Domstadt: »Von Münster kann ich nur sagen, dass ich dort sehr glücklich war.«

Adresse Grüne Gasse 34, 48143 Münster | ÖPNV Stadtbus 1, 9, 15, Haltestelle Ludgeriplatz | Tipp Der Ludgerikreisel ist Münsters spektakulärster Verkehrsknotenpunkt. Wie hier Busse, Radler, Fußgänger und Pkws koexistieren, ist ein Schauspiel.

40_Die Greta-Bünichmann-Straße

Das letzte Opfer von 1635

Wie in anderen Städten gehört auch in Münster die Zeit der »Hexenprozesse« zu den dunklen Kapiteln der Geschichte. Dem religiösen Fanatismus und dem Irrglauben an die Existenz von Hexerei und Zauberei fielen zahlreiche unschuldige Frauen und Männer als Sündenböcke für Krankheiten und Unglücke zum Opfer – auf teilst brutalste Art und Weise durch Folter und Verbrennung.

Eines der Opfer, zugleich das letzte gerichtlich verurteilte in Münster, war Greta Bünichmann. Sie arbeitete bereits seit sieben Jahren als Magd beim Pferdehändler Hermann Grotenhoff und seiner Familie, als Folgenschweres geschah: Zwei der Pferde des Händlers verendeten unerwartet. Außerdem habe das Kind, das mit der Magd das Bett teilte, am Morgen ungewöhnliche Kratzspuren gehabt. Die aus damaliger Sicht logische Erklärung: Bünichmann habe sich des Nachts in eine Katze verwandelt. Zudem sollte sie angeblich eine Krankheit durch Handauflegung geheilt und Gebete unterbrochen haben, so die Anklage Grotenhoffs. Es folgte der in solcherlei Fällen übliche »Prozess«, bei dem die Angeklagte ihre Unschuld beteuerte und für alles eine logische Erklärung liefern konnte. Nach schwerer Folter »gestand« sie dann zunächst, hoffend auf Gnade, widerrief ihr Geständnis jedoch, als ihr dämmerte, dass Gnade nicht zu erwarten sein würde, um nach weiterer Tortur schließlich erneut zu »gestehen«. Nur dadurch konnte sie das schlimmstmögliche Urteil – die Verbrennung bei lebendigem Leibe – abwenden und wurde schließlich am 23. Juni 1635 auf der Galgenheide erst enthauptet und dann verbrannt.

Das eigentliche Motiv Grotenhoffs dürften Schulden bei Greta Bünichmann gewesen sein, denen er sich so zu entledigen hoffte. Zur Erinnerung an ihr Schicksal wurde nach anfangs heftigen Protesten 1994 eine Straße nach ihr benannt.

Adresse Greta-Bünichmann-Straße, 48155 Münster-Mauritz | ÖPNV Stadtbus 14, Haltestelle Zum Guten Hirten | Tipp In der Nähe finden Sie das Ostbad samt der angebundenen Sportstätten.

41 Der Grüne Grund

Selten geworden

Wenn man mit Besuchern, von der Hammer Straße kommend, in Richtung Geistviertel unterwegs ist und die Abkürzung vom Geistmarkt über die Habichtshöhe nimmt, werden die meisten schon beim Betreten der Straße aufmerksam: Anstelle der bisher dominierenden Mehrfamilienhäuser reiht sich hier auf einmal ein Kleinod an das nächste – zudem alle in der gleichen Bauweise, vornehmlich in strahlendes Weiß getüncht, und die Eingangstüren ziert allesamt das gleiche hübsche Logo.

Am oberen End angekommen, biegt man rechts ab, und nach wenigen Metern erschließt sich dem Auge dann ein Baudenkmal der besonderen Art: der Grüne Grund – eine riesige Grünfläche, umrandet von einer Wohnsiedlung mit ebenfalls einheitlichen Häusern in der sogenannten Heimatschutzarchitektur und wiederum mit den für die Siedlung typischen Logos. Der Grüne Grund ist eine nach dem Vorbild einer Gartenstadt konzipierte und zwischen 1924 und 1931 erbaute Mustersiedlung, die seinerzeit die aufkommende Wohnungsnot für Angestellte, Beamte und Familien mit vielen Kindern lindern sollte. Aus heutiger Sicht kaum vorzustellen ist, dass das Viertel seinerzeit noch durchweg ländlichen Charakter hatte. Benannt wurde es übrigens nach dem dort verlaufenden Münsterländer Kiessandzug, der Geest, deswegen sagt man auch »auf der Geist«. Nach dem Bezug währte das Glück der Bewohner bedauerlicherweise nicht lange: Der Stadtbezirk Geist wurde von den Bomben des Zweiten Weltkriegs hart getroffen – die Siedlung Habichtshöhe / Grüner Grund war keine Ausnahme.

Entgegen jeder städteplanerischen Versuchung wurde jedoch auch der Grüne Grund in seiner ursprünglichen Form wiederaufgebaut und steht heute gar unter Denkmalschutz. Nach wie vor besonders beliebt ist er bei Familien mit Kindern: Auf den mittlerweile hinzugekommenen Spiel- und Sportplätzen ist – nicht nur bei bestem Wetter – oft die Hölle los.

Adresse Grüner Grund, 48151 Münster-Geist | **ÖPNV** Stadtbus 7, 15, 16, Haltestelle DZ HYP/IHK | **Tipp** Auch die unmittelbare Umgebung, Habichtshöhe und Co. sind eine Erkundung wert.

42 Die Grünen Beete

Campusgardening

Urban Gardening, also vereinfacht gesagt das Gärtnern in der Großstadt, liegt schwer im Trend. Ist ja auch logisch, nicht jeder, der von einem eigenen Garten träumt, kann oder will ihn sich leisten, dennoch wünschen sich auch viele Stadtmenschen heutzutage wenigstens ein kleines Fleckchen Grün für Pflanzen, Gemüse oder Obst. Viel gebrauchte Stichworte: regional, saisonal, ökologisch und selbstversorgt. Aber hier passt das, jenseits aller Trends, sehr genau. Denn ein Projekt ganz in diesem Sinne haben sich die beiden Oecotrophologie-Studentinnen Nicole Rogge und Anna Rechenberger während ihres Studiums vor ein paar Jahren ausgedacht, den Gemeinschaftsgarten »GrüneBeete«. Und der kam so gut an, dass man einfach weitergemacht hat. Am Leonardo-Campus (Rückseite vom Gebäude 6) wurde mittlerweile eine Fläche von stolzen 1.300 Quadratmetern dafür zur Verfügung gestellt.

Das Ziel ist es, gemeinsamen mit anderen Begeisterten vielfältige Landwirtschaft inmitten der Stadt zu betreiben und Wissen darüber zu teilen und zu mehren. Eingeladen ist grundsätzlich jeder, der Interesse an Gärtnerei und Spaß am Austausch hat. So entstand im Laufe der Zeit eine bunte Mischung aus Schülern und Studierenden, Berufstätigen, Rentnern und Arbeitssuchenden mit den verschiedensten Hintergründen. Jeder ist eingeladen, sich einzubringen, egal ob nun als Gärtner, Handwerker oder Architekt.

Anders als bei ähnlichen Projekten hat hier jedoch keiner sein eigenes Beet. Vielmehr kümmern sich alle Beteiligten gemeinsam um die gesamte Anlage, und am Ende des Tages »gehört« auch jedem alles, die Ernte wird gerecht geteilt und bei dem einen oder anderen gemeinsam geplanten Gartenevent oder Workshop auch gleich gemeinsam vor Ort zubereitet und verzehrt.

Grundsätzlich steht der Campusgarten jedem offen und kann auch außerhalb der aktiven Gärtnerzeit zur Entspannung genutzt werden.

Adresse Leonardo-Campus 6, 48149 Münster-Sentrup | ÖPNV Stadtbus 9, Haltestelle Leonardo-Campus | Öffnungszeiten jederzeit, gegärtnert wird im Frühjahr, Sommer und Herbst Fr ab 15 Uhr, im Sommer zudem auch Di ab 17 Uhr | Tipp Der Leo-Campus an sich ist schon eine Erkundung wert, unter anderem die Bibliothek in einem alten Pferdestall.

43_Die Hafenkäserei

Münster macht Käse …

… und wir zeigen, wie. So lautet das Motto der Hafenkäserei, einer in der Form bisher wohl einzigartigen Schaukäserei mit Blickfang-Architektur – seit Mai 2016 der erste echte Hingucker unter den Neubauten auf der »B-Seite« des Hafenbeckens (siehe Ort 13).

Es ist das Herzensprojekt von Gründerin und Geschäftsführerin Ann-Paulin Söbbeke. Ihre Familie ist seit Generationen im »Milch Business«, ihr Vater Paul Söbbeke ist Gründer und Miteigentümer der nach ihm benannten Biomolkerei in Gronau-Epe. Doch die Käseliebhaberin und gelernte Molkereimeisterin hatte eine andere Idee: eine moderne Schaukäserei an einem Hot-Spot in Münster inklusive Eventgastronomie. Der Weg dahin war etwas steinig, so Paul Söbbeke gegenüber einer Zeitung. Erst sei die Vergabe langwierig gewesen, da ein Architektenwettbewerb von der Stadt gewünscht wurde, dann das ewige Hin und Her um das einstige Gefahrgutlager Lehnkering, das die Nutzbarkeit für Publikum zunächst fraglich erscheinen ließ. Natürlich spielte während des Baus auch Münsters ewiges Thema Bombenentschärfung eine Rolle, und dann noch das Theater um die Fassadengestaltung, die wieder überstrichen werden musste. Mittlerweile ist aber alles gut, und die Hafenkäserei wird von den Münsteranern mit Freude angenommen.

Der Käse selbst wird zu 100 Prozent handgekäst, hat Bio-Qualität und ist von Natur aus laktose- sowie glutenfrei. Stand jetzt gibt es acht verschiedene Sorten, darunter den Klassiker »Käpt'n Pauli«, einen jungen, milden Gouda, den es auch in der Variante »Goldschatz« als 24 Monate gereiften Hartkäse gibt. Daneben ist mittlerweile ein Käse mit Rotwein im Angebot, außerdem eine Version mit Pale-Ale von der Brauerei Finne aus Münster sowie Varianten mit den verschiedensten Gewürzmischungen. Zweimal im Monat findet ein Werksverkauf statt – inklusive B-are aus der »Rabatt-Truhe« zu reduzierten Preisen.

Adresse Am Mittelhafen 20, 48155 Münster | **ÖPNV** Stadtbus 6, 8, 17, Haltestelle Stadtwerke / Hafen | **Öffnungszeiten** wechselnd für Käserei und Restaurant, Buchung unter www.hafenkaeserei.de/event/geniessertour, Werksverkauf 1. und 3. Do im Monat 15–18 Uhr, Tel. 0251/6744000, www.hafenkaeserei.de | **Tipp** Wenn wir schon beim Thema Hafen und Kulinarik sind, im Becken bei der Käserei kann man dem Vernehmen nach auch gut angeln.

44 Die Hand in der Vitrine

Handschlag aus der Vergangenheit

Im Friedenssaal in Münsters Rathaus sind drei recht merkwürdige Gegenstände ausgestellt: der »Goldene Hahn«, ein legendenumwobenes Weingefäß, das heute noch Ehrengästen gereicht wird; ein Pantoffel, den circa 1630 – warum auch immer – niemand weggeworfen hat; und, besonders gruselig vor allem für jüngere Besucher, eine mumifizierte Hand.

Die einige Fragen aufwirft, etwa: Seit wann liegt die da überhaupt? Warum eigentlich? Und vor allem natürlich: Wem gehörte sie einstmals? Die Antworten sind nicht einfach: Vermutlich schon seit Mitte des 17. Jahrhunderts, warum, weiß heute kein Mensch mehr. Von wem sie stammt genau genommen auch nicht, es gibt allerdings ein paar Theorien. Die charmanteste geistert seit Langem durch Münsters Folklore. Sie besagt, dass die Hand dem selbsternannten »Täuferkönig von Münster« Jan van Leiden gehörte und im Zuge seiner »Entthronung« und anschließender Folter und Hinrichtung (siehe Ort 90) abgetrennt und als eine Art Trophäe aufbewahrt wurde. Laut dem forensischen Archäologen Dr. Peter Pieper von der Heinrich Heine Universität zu Düsseldorf ist die Zuordnung solch abgetrennter Hände (es gibt davon gar nicht mal so wenige) zu historisch bedeutsamen Personen zwar ein typischer Reflex, jedoch eher im Bereich der Mystifizierung zu sehen. Eine andere Theorie legt nahe, dass es sich um die Hand eines Verbrechers, beispielsweise die eines korrupten Notars, handeln könnte. Laut Pieper allerdings ebenfalls unwahrscheinlich, da die Amputation sauber und nicht gewaltsam, wie bei Verbrechern üblich, etwa per Axthieb, erfolgte.

Er vermutet, bei der Hand handle es sich vielmehr um die des Opfers einer tödlichen Straftat, ein sogenanntes »Leibzeichen« zu späterer Verwendung vor Gericht. Da die Hand dann nicht nachträglich beerdigt wurde, wohl ein ungeklärtes Verfahren. Womit sich der Kreis schließt …

Adresse Prinzipalmarkt 10, 48143 Münster | ÖPNV Stadtbus 2, 4, 11, 14, Haltestelle Klemensstraße | Öffnungszeiten Di – Fr 10 – 17 Uhr, Sa – So 10 – 16 Uhr, Tel. 0251/4922724 | Tipp Ein Besuch im Friedenssaal kostet Eintritt, das Rathaus selbst kann kostenfrei angesehen werden.

45 Der Hawerkamp

Münsters blinder Fleck

Der Hawerkamp ist ein Phänomen. Wie würde man einem Fremden erklären, was die mit unzähligen Graffitis übersäte Industriebrache inmitten Münsters Hansaviertel ist? Enklave? Subkultur? Parallelgesellschaft? Münsters blinder Fleck?

Johannes Monse – Vorstandsmitglied des Vereins Hawerkamp 31 – kennt den »Kamp« anders als viele auch bei Tage und weiß: »Der Hawerkamp ist ein selbstverwaltetes Areal, hervorgegangen aus dem Industriestandort eines ziemlich großen Betonwerks hier. Und seit dessen Insolvenz vor vielen Jahren hat es sich zum Kulturort entwickelt. Erst unter den Fittichen der Stadt, seit 2006 in Selbstverwaltung.« Lange Zeit schwebte die Abrissbirne über dem Hawerkamp. Dann kam es langsam zum Umdenken. Johannes: »Früher war es so, dass hier krampfhaft nach Investoren gesucht wurde und die große Abrissbirne nur deshalb nicht gekommen ist, weil keine da waren oder wenn, dann eher windige. Der zentrale Punkt war dann in der Tat die Bewerbung Münsters zur Kulturhauptstadt, wo die Kuratoren dann plötzlich meinten: ›Was ist das denn hier? Das ist ja der Hammer! Sowas gibt es in Berlin und in Hamburg, aber doch nicht in Münster! Das ist eine Perle – die müsst ihr hegen und pflegen!‹ Da wurde dann langsam allen klar, dass das hier ein Ort ist, wo auch Platz ist für Dinge, die die Stadt sonst gar nicht bieten könnte.«

Und was macht den »Kamp« heute aus? Johannes: »Zum einen die Heterogenität, dass man vom Autoschrauber über den Architekten und die ganzen Künstler bis zu uns Verlagsleuten und den Clubbetreibern alle unter einem Dach hat. Und alle gemeinsam in einem Verein versuchen, dieses Gelände nach vorn zu bringen. Und dann haben wir hier natürlich ungewohnt viele Freiheiten, die wir versuchen, sinnvoll zu nutzen, um uns kulturell zu entwickeln. Das ist einfach spannend, weil man mit vielen verschiedenen Leuten zusammenkommt, die ganz unterschiedliche Projekte betreiben.«

Adresse Am Hawerkamp, 48155 Münster-Hafen | ÖPNV Stadtbus 6, 8, Haltestelle Am Hawerkamp | Tipp Die »Halle B« befindet sich noch so gut wie im Originalzustand der einstigen Betonfabrik.

46 Die Hemingway-Theke

Auf den Spuren berühmter Trinker

Zugegeben, das Marktcafé am Domplatz ist an sich schon ein Hingucker. Nicht nur, aber gerade an Markttagen lässt sich von der Außenterrasse das Treiben vor der malerischen Kulisse des Paulusdoms bestens beobachten und genießen. Gänzlich unbescheiden wirbt man dort denn auch, man sei das »wohl schönstgelegene Café in Münster«.

Einen wirklichen Hingucker entdeckt man jedoch erst beim Betreten des Lokals. Über die linke Seite des riesigen, im Kaffeehausstil eingerichteten Raumes erstreckt sich eine wunderschöne, meterlange Zinntheke; gekrönt von einer verspiegelten, immer gut gefüllten Bar und einer riesigen, stets fauchenden italienischen Espressomaschine.

Der eigentliche Clou an der Theke – und erst das macht sie zu einem besonderen Münster-Ort – ist jedoch, dass sie ursprünglich aus Paris stammt. Um 1930 entstanden, stand sie noch bis 1996 in Paris St. Denis und Clichy. Das Gästebuch des damaligen Wirts umfasst einige illustre Einträge. Ein berühmter Besucher war der französische Schauspieler und Chansonnier Jean Gabin (unter anderem mehrfach als Kommissar Maigret, in »Mit den Waffen einer Frau« zusammen mit Brigitte Bardot oder – ebenfalls unvergessen – Seite an Seite mit Louis de Funès in »Balduin, das Nachtgespenst«). Ebenfalls an die Theke gelehnt haben sich der Überlieferung nach bereits zwei amerikanische Schriftstellerlegenden: der Pulitzer-Preisträger Arthur Miller (»Tod eines Handlungsreisenden« und vieles mehr) sowie nicht zuletzt der famose Ernest Hemingway (Pulitzer- und Literaturnobelpreis, »Der alte Mann und das Meer«). Dementsprechend stolz ist denn auch Marktcafé-Betreiber Marc Brouwer – künstlerisch selbst kein unbeschriebenes Blatt – auf sein Schätzchen: Auf die Frage, ob die Theke als einer der 111 Münster-Orte in Frage käme, grinste er, daran gelehnt, nur. In Erinnerung an all die vor ihm und die, die noch kommen werden.

Adresse Marktcafé, Domplatz 6–7, 48143 Münster | **ÖPNV** Stadtbus 4, 10, 11, 12, 14, Haltestelle Domplatz | **Öffnungszeiten** Mo–Fr 9–23 Uhr, Sa 8–24 Uhr, So 10–21 Uhr | **Tipp** Neben dem Marktcafé steht das imposante LWL-Museum für Kunst und Kultur.

47 Das »Hitler-Haus«

… oder auch nicht

Dass sich um das Haus in der Erphostraße 28 braune Gerüchte ranken, ist auf den ersten Blick nicht zu erkennen. Mit seiner neoklassizistischen Bauweise und dem hellblauen Anstrich wirkt es im Gegenteil eher freundlich. Früher galt es jedoch als das »Hitler-Haus« …

Die Wurzel, auf der diese Geschichte fußt, ist ein ehemaliger Bewohner des Hauses: Franz Pfeffer von Salomon, ein vergleichsweise unbekannter, aber doch drahtziehender NSDAP-Funktionär. Der adelige, meist nur kurz »von Pfeffer« Genannte war mit Hitler persönlich bekannt. Und wurde zumindest insoweit auch von ihm geschätzt, als dass Hitler ihm im Jahr 1926 für einige Zeit die Führung der SA übertrug – ein ausgesprochen bedeutsamer Posten. Darüber hinaus gilt von Pfeffer als einer der maßgeblichen Konstrukteure der NSDAP-Strukturen in Westfalen.

Historisch gesichert ist, dass Hitler am 17. Juni 1926 anlässlich einer Kundgebung in Osnabrück war. Seither hält sich maßgeblich das Gerücht, er habe anschließend, auf dem Weg zu einer Tagung in Essen, einen wohl improvisierten Zwischenstopp in Münster eingelegt. Möglicherweise, so die Gerüchte, hat er dann entweder seinen Zug verpasst oder konnte nicht mehr mit dem Auto weiterfahren. Und soll daher spontan bei seinem Bekannten von Pfeffer die Nacht verbracht haben. So zumindest will es die Legende vom »Hitler-Haus«, die sich lange Jahre gehalten hat.

Historische Quellen deuten darauf hin, dass es tatsächlich nur eine Legende ist und Hitler die Nacht zwar tatsächlich in Münster verbracht hat, allerdings nicht beim später in Ungnade gefallenen und zeitweise inhaftierten von Pfeffer, sondern vielmehr bei dem Rechtsanwalt und Notar Helmut Kirchberg. Laut dem damaligen Adressbuch der Stadt Münster wohnte dieser jedoch in der Diepenbrockstraße 26. Das »echte Hitler-Haus« in Münster wäre dann in Wirklichkeit ein anderes.

Adresse Diepenbrockstraße 26, 48145 Münster | ÖPNV vom Bahnhof aus zu Fuß erreichbar | Öffnungszeiten nur von außen zu besichtigen | Tipp In der Diepenbrockstraße findet sich ein kleiner Bolzplatz.

48 Der Hochzeitswald

Bäume für die Liebe

Am Tag der Hochzeit pflanzt das glückliche Paar gern gemeinsam einen Baum. Als Zeichen der Liebe und Naturverbundenheit, aber auch als Symbol für Zukunftsgewandtheit, Wachstum und Beständigkeit der Ehe. Eine Tradition, die viele Jahrhunderte zurückreicht. Doch gerade im innerstädtischen Bereich fehlt immer mehr Menschen heute die Möglichkeit, dies im eigenen Garten zu tun.

Besonderer Beliebtheit erfreut sich daher die Idee der sogenannten Hochzeitswälder. Auch in Münster. Ab 2007 bot die Stadt hierfür einen ersten Wald an: gelegen in Nienberge in der direkten Nachbarschaft zum beliebten Ausflugsziel »Haus Rüschhaus«, das vor allem durch seinen Erbauer Johann Conrad Schlaun und die berühmteste und langjährige Bewohnerin, Dichterin Annette von Droste-Hülshoff (»Die Judenbuche«), bekannt ist. Über 1.000 Bäume wurden seither dort von Frischvermählten gepflanzt und wachsen und gedeihen in einer vielfältigen Landschaft mit den Waldbereichen (neun heimische Baumarten von Stieleiche über Buche bis hin zu Linde, Ahorn, Eberesche, Vogelkirsche und Feldahorn), vielen Wegen, Lichtungen und kleinen Gewässern. Leider können aktuell keine neuen Plätze mehr vergeben werden, doch der Wald ist auf Dauer angelegt und soll nun wachsen und gedeihen und so ganz nebenbei noch einen wichtigen Beitrag zu Natur- und Artenschutz leisten.

Das Besondere dabei: Die Bepflanzung ist so angelegt, dass die Paten-Paare »ihren« Baum auch nach vielen Jahren leicht wiederentdecken können. Für manche ist es eine liebgewonnene Tradition geworden, am Hochzeitstag, sei es Jahr für Jahr oder zukünftig zu besonderen Jubiläen wie der Rosen-, der Silbernen oder gar der Goldenen Hochzeit, hierherzukommen. Und sicher wird dies auch ein schöner Ort sein, um mit eventuellem Nachwuchs auf eine Zeitreise in die Vergangenheit der Eltern und Großeltern zu gehen.

Adresse Am Rüschhaus 81, 48161 Münster-Nienberge | ÖPNV Stadtbus 5, Haltestelle Haus Rüschhaus | Öffnungszeiten frei zugänglich | Tipp Hier finden Sie auch das Droste-Museum.

49_Die Hot Dog-Station

Amerikanisch-westfälisch lecker

Die Bolandsgasse, die quasi die literarische Abkürzung zwischen der Buchhandlung an der Salzstraße und der Stadtbücherei am Alten Steinweg ermöglicht, ist etwas unscheinbar und wird von vielen oft links liegen gelassen. Wer den kleinen Weg allerdings einschlägt, wird mit an Sicherheit grenzender Wahrscheinlichkeit die Frage »Wer hat noch nicht bestellt?« gestellt bekommen. Denn in der Mitte der Gasse findet sich die »Hot Dog-Station« von Jutta Morthorst – seit immerhin 1992 eine absolute Münster-Institution und bei Schülern und Anzugträgern gleichermaßen beliebt. Und bei der Frage fühlt man sich trotz der meist großen Menschentraube vor der Theke natürlich auch gleich angesprochen. Und gerät ins Grübeln: »Was darf es überhaupt sein?« Denn die Auswahl ist immens …

Was natürlich immer geht, ist ein »Hot Dog einfach« (Wurst in Brötchen mit Senf) und der Klassiker »Hot Dog Spezial« (Curry-Ketchup, Remoulade, Gurken, Röstzwiebeln). Aber da ist noch lange nicht Ende der Fahnenstange: »American« mit Mais, »California« mit Salat oder »Cincinnati« mit Chili sind da noch die schlichteren Varianten. Wer sich richtig austoben will, greift zu »Gyros Bacon« (Tzatziki und Speckwürfel), »Route 66« (Ei und Pfeffersoße), »Al Capone« (Rucola und frischer Parmesan) oder »New York« (mit Sauerkraut und zur eigenen Überraschung des Verfassers eindeutiger Favorit).

Wer hier allerdings einen »klassischen« Hot Dog, wie etwa von der Kirmes oder dem blau-gelben Möbelhaus gewohnt, erwartet, wird vermutlich angenehm überrascht werden: Denn die Brötchen sind hier nicht pappig, sondern rösch, die Würste keine ausgelaugten Wiener, sondern ähneln eher der holländischen Frikandel und werden bei Bestellung für jeden frisch frittiert. Wer kein Wurstfreund ist, bekommt das alles übrigens auch mit leckersten Pommes oder Kartoffelecken. »Wer hat noch nicht bestellt?«

Adresse Bolandsgasse 4, 48143 Münster | ÖPNV vom Bahnhof aus zu Fuß erreichbar | Öffnungszeiten Mo–Fr 11–19.30 Uhr, Sa 11–18 Uhr, www.hotdog-muenster.de | Tipp Ein paar Meter weiter finden Sie das sehenswerte Gebäude der Stadtbücherei.

50 Der Hot Jazz Club

Hafenspelunke

Einer meiner ersten Wege, neu in Münster, führte mich Ende des Jahres 2000 in den an den Hafen angrenzenden Teil der Dortmunder Straße. Der Hafen hieß da noch nicht »Kreativ Kai«, das war dereinst nur der Name einer ansässigen, recht fragwürdigen Fußballkneipe. Die »Watusi Bar« war noch die »Peppermint Lounge« (White Russian auf weißen Ledersofas, wie gesagt, 2000). Der Kioskbetreiber hieß Imad (und sei hiermit herzlich gegrüßt). Und sonst gab es da, neben noch im Betrieb befindlichen Kränen und Schiffen, lediglich das »Dockland«, das »Pier House« und den »Hot Jazz Club«.

Wenn man den Hafen dann im Winter nach Einbruch der Dunkelheit besuchte, war das fast schon zu viel Klischee: schwappendes Becken, Nebel über dem Wasser, Möwengeschrei (ehrlich!) und langsam lauter werdende Bässe aus dem Untergrund, näher kommendes, diffuses Licht, aufsteigende, verrauchte Luft (wie gesagt, 2000). Und dann die verheißungsvolle Treppe hinab in den Wärme ausstrahlenden Keller einer, nun ja, offenbar Hafenspelunke. Unwissend, welch zwielichtige Gestalten dort …

Die nüchternere Beschreibung der Betreiber lautet: »Der Hot Jazz Club ist ein Live Musik Club in Münster. Er wurde im Mai 2000 am für Kulturzwecke umgebauten Teil des Binnenhafens der Stadt eröffnet. Jazz- und Blues-Konzerte sind nicht der einzige Baustein des abwechslungsreichen Programms.« Etwas zu nüchtern, denn da kam dann auch schon mal Mitch Ryder. Drinnen ist es auch heute noch verwinkelt gemütlich, wie man sich einen Jazzkeller eben so vorstellt, dabei stets bühnennah. Getrunken werden können, standesgemäß, zum Beispiel so ziemlich alle Single-Malt-Klassiker. Lecker auch die Riesenpizza, die aus dem befreundeten »Café Med« nebenan stammt und in der warmen Jahreszeit auch oben auf der sehr schönen Terrasse schmeckt. Aber der eigentliche Reiz des »Hot Jazz Club« liegt ja in der verheißungsvollen Treppe nach unten.

Adresse Hafenweg 26B, 48155 Münster-Hafen | ÖPNV Stadtbus 6, 8, 17, Haltestelle Stadtwerke/Hafen | Öffnungszeiten Mo–Sa ab 19 Uhr, So ab 14.30 | Tipp Um die Ecke finden Sie den alten Kornspeicher, in dem heute Verlage residieren.

51 Die Jüdefelderstraße

Party mit Ansage

Die Wahrscheinlichkeit, dass man als frischgebackener »Ersti« (Student im ersten Semester) an seinem ersten Ausgehabend in Münsters »Bermudadreieck«, dem Kuhviertel, landet, dürfte bei nahezu 100 Prozent liegen. Während es in der Kreuzstraße eher studentisch-gediegen zugeht, ist auf der Jüdefelder mindestens mittwochs und an den Wochenenden Partytime!

Kneipen- und bartechnisch dürfte hier für jeden Geschmack etwas dabei sein. Die »Davidwache« (ehemals »Havanna«) eignet sich als Ausgangspunkt und versprüht tatsächlich einen Hauch von Reeperbahn-Charme. Special für WGs: fünf trinken, vier bezahlen; und wenn Fußball läuft, läuft dort Fußball. Wer Hunger verspürt, kann gegenüber bei »Yuzu« japanisch imbisen (der nach eigenen Angaben allererste Izakaya in Münster mit echtem Ramen) und sich dann frisch gestärkt auf die weitere Kneipentour begeben. Als Nächstes kommt man bei der »Barzillus« vorbei. Hier rühmt man sich, den in der Jüdefelder ohnehin in der XXL-Version beliebten »Long Island Ice Tea« zum absoluten Schnäppchenpreis anzubieten. Im »peacock«, ein Stückchen weiter, gibts zur Abwechslung auch mal Kneipenquiz, Beerpong-Turniere und einen Kicker. Schräg gegenüber wartet in Hausnummer 54 die »Gorilla Bar« (ehemals »Schluckspecht« und »Walnuss«). Hier gibt es nicht nur den legendären hausgemachten »Sauren«, sondern auch Gitarrensound (gern auch mal ein Überraschungskonzert der Donots oder H-Blockx) und passend zum Namen ein alles andere als »stilles Örtchen«. Jüngstes Mitglied ist die »Palma Bar«, hier wird oben gefeiert, und unten gibt es Billardtisch und Kicker. Und wer es bis zum Ende der Jüdefelder zur Ecke Kuhstraße geschafft hat, dürfte sich auch als ausreichend partytauglich für die »Destille«, genannt »Dille«, erwiesen haben. Hier darf bei lauter Musik auf den Tischen getanzt und beim Lieblingslied laut mitgegrölt werden. Na denn mal Prost!

Adresse Jüdefelderstraße, 48143 Münster | **ÖPNV** Stadtbus 5, 15, 16, Haltestelle Kuhviertel Rosenplatz | **Öffnungszeiten** bevorzugt in den Abendstunden | **Tipp** Wer sich vor oder nach einem Besuch der Jüdefelder stärken möchte, kann dies bei »Yuzu Ramen« tun.

52 Die Justizvollzugsanstalt

Außenansichten

Die meisten Menschen haben wahrscheinlich noch nie ein echtes Gefängnis gesehen. Für viele Münsteraner ist es hingegen normal, tagtäglich an einem vorbeizufahren, steht die JVA Münster an der Gartenstraße doch mitten in der Stadt und ist in ihrer wenig dezenten neugotischen Architektur (Baubeginn 1848) auch nur schwer zu übersehen. Man hat sich im Laufe der Zeit irgendwie daran gewöhnt.

Ins öffentliche Bewusstsein schafft es der »Granigen« (Masematte für »Knast«) circa alle paar Jahre, wenn mal wieder eine spektakuläre Flucht gelungen ist, wie zuletzt 2015 und 2010 (ging beides nicht lang gut). Oder wenn er einer »Tatort«- oder »Wilsberg«-Folge als Kulisse dient. Und – natürlich – mal wieder über Neubau, Abriss oder Umnutzung diskutiert wird. 2016 musste die JVA panikartig geräumt werden, weil sie angeblich einsturzgefährdet war, aber irgendwie dann doch nicht. Historiker berichten zudem mahnend von der Rolle, die die JVA Münster zu Zeiten des Nationalsozialismus gespielt hat. Menschenunwürdige Überbelegung, kaltblütige Erschießungen und die abscheuliche Forschungsstelle »Urteil über den Wert oder Unwert des Einzelnen für Volk und Staat, für die Gesellschaft und für die Rasse« sind traurige Überlieferungen. Münsters ehemaliger Stadtdenkmalpfleger Gunnar Pick stuft den Bau hingegen gar als »historisch bedeutsamer als das Schloss« ein und ist strikt gegen einen Abriss, durch den »Münster sein ältestes preußisches Verwaltungsgebäude verlieren würde«. Eine Sanierung wäre hingegen ein teures Spiel, wenngleich mögliche Umnutzungsideen Architektenherzen höher schlagen lassen dürften.

In der Vergangenheit gab es immer mal wieder einen »Tag der offenen Tür« (Finde den Fehler!), die meisten Besucher hat es da allerdings wohl eher gegruselt. Ein Blick von außen auf den imposanten Bau lohnt indes allemal, den Rest überlassen Sie lieber der Vorstellung!

Adresse Gartenstraße 26, 48147 Münster | **ÖPNV** Stadtbus 4, 6, 8, Haltestelle Maximilianstraße | **Öffnungszeiten** von außen zu besichtigen | **Tipp** Um die Ecke finden Sie den Pfadfinder-Garten (Stamm St. Franziskus).

53 Der Kaffeefreund

Auf kirchlichem Grund

Dominik Schweer ist Münsters selbst ernannter »Kaffeefreund«. Er steht mit seiner mobilen Kaffeeküche seit mittlerweile über zehn Jahren auf dem Sankt-Josefs-Kirchplatz an der Hammer Straße.

»Auf kirchlichem Grund, nur deswegen geht das überhaupt«, betont er. Ursprünglich kommt er aus der Jugendhilfe, habe sich aber schon lang mit mobiler Gastronomie beschäftigt. »Als ich dann mein Lastenfahrrad entdeckt habe, war alles klar«, so Schweer, der mittlerweile auch einen motorisierten Untersatz hat. Auffällig ist der lockere Umgang mit und unter den Gästen. Und dass hier jeder Zweite mit Vornamen angesprochen wird und »wie immer« bestellt. Der Kaffee, den die Stammkunden so schätzen, kommt eigens aus Telgte (»goldprämiert«), die riesige Espressomaschine ist gasbetrieben und mit einem Frischwassertank ausgestattet. Ob er insgesamt zufrieden sei? »Ja, sehr!« Man wisse ja nie, was im Leben noch passiert, aber im Moment freue er sich, wenn es möglich ist, jeden Tag herzukommen und Kaffee unter Freunden kochen zu können.

Wer schon einmal hier und vom Kaffee frisch gestärkt ist, der sollte auch einen Blick in die St.-Joseph-Kirche werfen. Der neugotische Bau wurde im Jahr 1905 fertiggestellt und von Bischof Hermann Dingelstad geweiht. Im Zweiten Weltkrieg wurde er stark beschädigt und ging teils in Flammen auf. Der Wiederaufbau erfolgte in den 1940er und 1950er Jahren, eine Innenrenovierung wurde in den 1970er Jahren durchgeführt, pünktlich zum 100-jährigen Jubiläum erfolgten dann noch umfangreiche Arbeiten an der Fassade. Innen finden sich zahlreiche liebevoll gestaltete Details, und auch ein Blick ins Gemäuer lässt sich erhaschen. Von außen erkundet man das Gebäude am besten bei einem Rundgang über den u-förmig angelegten Kirchplatz, denn auch die Ostseite ist eindrücklich. Das Schöne dabei: Nach dem Rundgang kommt man automatisch wieder beim Kaffeefreund an.

Adresse Sankt-Josefs-Kirchplatz, 48153 Münster | ÖPNV Stadtbus 1, 9, Haltestelle St.-Joseph-Kirche | Öffnungszeiten bei guter Witterung Mo–Fr 7.15–14 Uhr | Tipp Man kann den »Kaffeefreund« auch für eigene Veranstaltungen buchen.

54 Der Kaldenhof

Verschlägt (nicht nur) Gärtnern den Atem

Der Verfasser ist nicht gerade als Besitzer eines grünen Daumens bekannt. Abgesehen von zwangsverpflichtetem Rasenmähen als Teenager und den gut gemeinten, jedoch wiederholt gescheiterten Versuchen der Adoption von Zimmerpflanzen ist da nicht viel auf der Habenseite zu verbuchen.

Bei meinem ersten Besuch des Kaldenhofs eines schönen Sommertages verschlug es mir dennoch den Atem: Eine riesige Versuchsfläche voll mit den buntesten Blumen, etlichen Salatbeeten, Unmengen an Obst und Gemüse, dazu auch noch ein gigantisches Gewächshaus voll unterschiedlichster Tomaten und exotischen Chilis mit klangvollen und zu Recht auch ein wenig furchteinflößenden Namen wie »Scotch Bonnet« oder »Dorset Naga«. Das nenne ich mal einen Garten!

Meine etwas naive Illusion, es sehe hier immer so aus, ist natürlich Quatsch: Logisch, dass das alles später im Jahr verblüht und die Früchte alle auch geerntet werden. Die übrigen Stauden dürfen sich die Mitarbeiter dann im Herbst für kleines Geld mit nach Hause nehmen, der Erlös wird gespendet, und dann ist das hier mehr oder weniger ein Acker. Bis es im neuen Jahr wieder von vorn losgeht – der Kreislauf der Natur … So macht Raimund denn auch mir Mut: »Wenn mal was vertrocknet, freut das den echten Gärtner, denn dann gibt's was Neues!«

Der Betreiber des Gartens, die Firma Volmary, ist ein mittelständisches Familienunternehmen mit Sitz im münsterschen Stadtteil Wolbeck. Es widmet sich seit 1925 und in mittlerweile dritter Generation der Züchtung von Saatgut und Jungpflanzen. Der Garten am Kaldenhof ist eigentlich ein Betriebsgelände, allerdings können weite Teile der Bepflanzungen auch von außen besichtigt werden. So sieht man beispielsweise die üppigen Sonnenblumen schon von Weitem. Das Sortiment insgesamt umfasst neben der Blumenvielfalt zudem Gemüse, Kräuter und Obst. So kann man ein Stück vom Kaldenhof auch mit nach Hause nehmen.

Adresse Kaldenhofer Weg 70, 48155 Münster-Gremmendorf | ÖPNV Taxibus 8, Anmeldung telefonisch | Öffnungszeiten von außen zu besichtigen | Tipp Hier fließt auch der kleine Honebach, der später in die Werse mündet.

55 Die Kanalüberführung

Münsters »Badewanne«

Sie wird nun schon zum zweiten Mal neu gebaut – die Kanalüberführung (KÜ) des Dortmund-Ems-Kanals über die Ems bei Münster-Gelmer. Lange war sie ein beliebtes Naherholungsgebiet für alle Münsteraner, daher auch »Badewanne« genannt, und so etwas wie ein Geheimtipp für FKK-Freunde. Und heute mal wieder Großbaustelle – doch der Reihe nach.

Im Zuge des Baus des Dortmund-Ems-Kanals gegen Ende des 19. Jahrhunderts wurde eine Überführung über die Ems nahe Münster notwendig. Der Bau der später in »Alte Fahrt« umgetauften KÜ erfolgte zwischen 1893 und 1897. Es handelt sich um eine Bogenkonstruktion mit insgesamt vier Öffnungen, die zu großen Teilen aus Ibbenbürener Sandstein besteht und noch heute – längst außer Betrieb – ein wichtiges und auch optisch beeindruckendes Industriedenkmal aus jener Epoche darstellt und deshalb unter Denkmalschutz steht.

Schon nach Ende des Ersten Weltkriegs wurde klar, dass auf Grund zunehmender Kapazitäts- und Belastungsanforderungen eine zweite Kanalüberführung an gleicher Stelle nötig werden würde. Die »Neue Fahrt« wurde 1939 ein Stück weiter westlich von der alten erbaut, kurzzeitig wurden beide parallel betrieben, bis im August 1940 die alte Konstruktion bei einem Bombenangriff (versehentlich, Ziel war eigentlich die neue) stark beschädigt wurde. Nach einer noch heute sichtbaren Reparatur diente die Alte Fahrt als Reserve, seit dem Ende des Krieges wird sie aber nicht mehr genutzt und wurde schnell zur eingangs beschriebenen »Badewanne« umfunktioniert.

Im Zuge des Ausbaus des Dortmund-Ems-Kanals hat man die Alte Fahrt wieder aus dem Ruhestand geholt, um sie während der Bauarbeiten als Teil einer Umleitung zu nutzen. Nach deren Abschluss soll dort dann wieder ein attraktives Naherholungsgebiet entstehen, wenngleich die Bauarbeiten wohl noch bis mindestens 2026 andauern werden. Erst dann also gibt's das Comeback der Badewanne.

Adresse Kanalüberführung, 48157 Münster-Gelmer | **ÖPNV** Stadtbus 1, weiter mit S 50 und R 255 | **Anfahrt** mit dem Fahrrad am Kanal entlang | **Tipp** In der Nähe finden Sie den Yachthafen Fuestrup.

56 Der Kapuziner-klostergarten

Rückzug und Erfahrung

Innenstadtgärten sind voll im Trend. Im Kapuzinerkloster in der Nähe des Schlosses mag man darüber vielleicht etwas amüsiert sein – in jedem Fall ist man hier dem »Trend« weit voraus: Der zum Kloster gehörende, circa 1,5 Hektar große Klostergarten dient bereits seit dem Ende des 19. Jahrhunderts der Versorgung der Brüder der münsterschen Heimat der Deutschen Kapuzinerprovinz.

Die Brüder der weltweiten Glaubensgemeinschaft im Geiste von Franz von Assisi (das war der mit dem Bettler) kamen bereits vor 400 Jahren nach Münster und haben, so wie der Rest der Stadt, eine wechselvolle Geschichte hinter sich. Zunächst an der Aegidiikirche im Stadtzentrum angesiedelt – die kleine Kirche wurde im Zuge der Säkularisation 1828 abgerissen – leben sie seit nunmehr 150 Jahren im damals neu errichteten Kloster an der Kapuzinerstraße. Dieses wiederum wurde im Zweiten Weltkrieg ebenfalls weitgehend zerstört, hernach wieder aufgebaut und in der 1990er Jahren von Grund auf renoviert.

Großen Wert legte man darauf, auch beim zum Kloster gehörenden Garten mit der Zeit zu gehen. Heute ist man dementsprechend stolz darauf, mitten in der Stadt einen »Rückzugs- und Erfahrungsort« präsentieren zu können, welcher auch der Erhaltung von Artenvielfalt dient. So ist der Garten mittlerweile nicht nur eine innerstädtische Oase der Ruhe, sondern auch ein wahres Refugium für alte Obst- und Gemüsesorten. Es wachsen Kirschen, Pfirsiche, Quitten und etliche, teils fast vergessene Apfelsorten, bis zu 200 verschiedene Gemüsearten und 150 der unterschiedlichsten Kräuter – dazu rundherum zwischen Mauern und Natursteinen Wildblumen, dass es eine Freude ist. Übrigens auch für ungezählte Insekten und die vier hauseigenen Bienenvölker. Der Garten steht Besuchern jederzeit offen – ob für Rückzug oder Erfahrung bleibt dabei jedem selbst überlassen.

Adresse Kapuzinerstraße 27, 48149 Münster | **ÖPNV** Stadtbus 1, 5, 9, Haltestelle Wilhelmstraße | **Öffnungszeiten** Sommer Mo–Sa 8–18 Uhr, So 8–19 Uhr, Winter solange es hell ist | **Tipp** Auch das Kloster ist sehenswert, es finden regelmäßig Gottesdienste statt.

57 Die Kiefertafel

Geheimnisvolles Gedenkschild

Die »Giant Pool Balls« am Aasee (siehe Ort 37) gehören nun wirklich nicht zu Münsters bestgehüteten Geheimnissen. Wer schon dort gewesen ist, sei es zu einer Grillsession im Sommer oder einem selten gewordenen Schlittschuhlauf im Winter, dem mag an der Mauer vom Ufer links aus gesehen eine kleine Tafel inklusive Inschrift aufgefallen sein: die Theodor-Kiefer-Gedenktafel.

Theodor Kiefer? Der Name ist nicht unbedingt ein Teil der durchaus üppigen münsterschen Folklore; und auch die Inschrift des kleinen Gedenkschildes hält sich recht bedeckt. Sie lautet schlicht: »Bei den Ausbauarbeiten des Aasees verunglückte am 24.3.1928 der Arbeitskamerad Theodor Kiefer tödlich.«

»Noch eine Aaseeleiche?«, mag nun der aufmerksame Leser fragen – und tatsächlich scheinen das Gewässer und der Tod in, nun ja, fortlaufend morbidem Zusammenhang zu stehen. Doch das Interesse des Chronisten ist geweckt: Wer war Theodor Kiefer? Den geschätzten Kollegen von www.allesmuenster.de ging es genauso, und sie konnten größere Teile des Geheimnisses lüften. Demnach wurde Kiefer 1907 in Münster geboren. Als der Bau des Aasees 1928 nach dem Ersten Weltkrieg neuerlich an Fahrt aufnahm, muss der Sohn von Philipp und Auguste Kiefer gerade 21 geworden sein; gewohnt haben soll er in der Hollenbecker Straße im Kuhviertel, also unweit der Aasee-Baustelle. Seine Tätigkeit umfasste die Arbeit als Bremser eines Kippwagens, der zum Abtransport des Aushubs der Bagger diente, die dort den Platz für das zu stauende Wasser der Aa schufen. Was ihm zum Verhängnis werden sollte: Ein Kippwagen entgleiste und traf den jungen Mann schwer am Oberkörper. Theodor Kiefer verstarb an den Folgen noch am Abend in einem der städtischen Krankenhäuser. Bleibt zu hoffen, dass er so stolz auf seine Arbeit war wie die Münsteraner heute auf ihren Aasee.

Sein Platz in der Folklore sollte ihm auf jeden Fall gewiss sein.

Adresse Adenauerallee, 48151 Münster | **ÖPNV** Stadtbus 10, 14, Haltestelle Bismarckallee | **Tipp** Die Aaseerunde ist beliebt bei Läufern und Spaziergängern, Start und Ziel hier.

58 Der Kiepenkerl

Ein Denkmal im Bedeutungswandel

Nichtmünsteranern wird auffallen, dass in der Stadt ständig der Begriff Kiepenkerl auftaucht: Eine Bäckerei heißt so, eine Arztpraxis, ein Radiosender, ein großes Gartenunternehmen, gleich zwei Restaurants … und natürlich die knapp zwei Meter große Bronzestatue auf dem Spiekerhof zum Gedenken an die einstmals auch in Westfalen umherziehenden Händler.

Das Denkmal zeigt einen von ihnen in der für ihre Zunft typischen Tracht: Leinenkittel (damals meist blau), Halstuch (traditionellerweise rot), Mütze, Knotenstock und Pfeife. Auf dem Rücken trägt der Kiepenkerl die für die Ausübung seines Berufs benötigte und zugleich namensgebende Kiepe, eine große, wie eine Art Korbrucksack aussehende Rückentrage. In der wurden Waren wie Milch, Kartoffeln und Eier in die Städte und Handelsgüter wie etwa Salz zurück zur Landbevölkerung gebracht. Außerdem trugen die Kiepenkerle so gleichzeitig zum Austausch von Neuigkeiten unter den Menschen bei. Bereits 1896 eingeweiht und ursprünglich als städtische Dekoration gemeint, wurde die Statue, nachdem sie die Bombenangriffe 1943 zunächst überlebt hatte, von den Nazis als Symbol der Standhaftigkeit instrumentalisiert, dann bei Einmarsch der US-Soldaten doch zerstört und 1953 durch einen neuen, nach einigem Hin und Her originalgetreuen Kiepenkerl ersetzt.

Am Samstag, den 7. April 2018, gelangte der Kiepenkerl dann zu trauriger Berühmtheit, als ein 48-Jähriger seinen Kleinbus in eine Gruppe von Menschen auf der Außenterrasse eines der beiden dortigen Restaurants steuerte. Insgesamt vier Menschen kamen in Folge der Amokfahrt um ihr Leben, zahlreiche weitere wurden teils schwer verletzt – der Täter erschoss sich im Anschluss selbst. Viele Münsteranerinnen und Münsteraner nutzten und nutzen das Denkmal seither an jedem 7. April, um zum Gedenken an die Opfer Blumen abzulegen. Ein Kunstwerk im Wandel der Zeit.

Adresse Spiekerhof 47, 48143 Münster | ÖPNV Stadtbus 5, 11, 14, 15, 16, Haltestelle Spiekerhof | Tipp Am Kiepenkerl sind zwei traditionelle westfälische Gasthäuser angesiedelt, welches besser ist, darüber scheiden sich die Geister.

59 Die Kreuzstraße 14

Alle Jahre wieder

Wer noch nie im Kuhviertel war, hat was verpasst. Gegen Ende des 19. Jahrhunderts hatte das Viertel rund um Jüdefelder und Kreuzstraße einen ganz eigenen Charakter – es siedelten sich dort zahlreiche gesellschaftliche Randgruppierungen an, gesprochen wurde vornehmlich der alte Rotwelsch-Dialekt »Masematte«. Heute siedeln und feiern dort vornehmlich Studierende, dementsprechend hoch ist in den Straßen die Kneipendichte. Eine davon ist in der Kreuzstraße 14, aktueller Wirt ist Betreiber Christian Schulz. Und der hat sich vor einiger Zeit zu etwas Besonderem überreden lassen …

Dazu muss man wissen, dass vor gut einem halben Jahrhundert in Münster der preisgekrönte Kultfilm »Alle Jahre wieder« von Regisseur Ulrich Schamoni entstand. Darin besucht ein Werbetexter zu Weihnachten – wie eben jedes Jahr – seine Familie und Freunde im bürgerlichen Münster und spielt heile Welt, obgleich seine Ehe längst am Ende ist.

Dies als Kurzfassung, ohne zu viel zu verraten. In Münster genießt der Film ähnlichen Kultcharakter wie die »Feuerzangenbowle« und wird regelmäßig gezeigt. Inklusive zahlreicher Kultsprüche wie: »Entweder es regnet hier oder die Glocken läuten.« Und neben einstmaligen prominenten Drehorten wie Promenade, Rathaus und Landesmuseum wurden einige Szenen des Films eben auch in der »Kreuzstraße 14« gedreht. Um den Film zu würdigen, hat sich ein Team aus Uni, Filmclub und Medien auf die Spuren der Drehorte gemacht und Szenen nachgestellt. Der Clou: In einer Ausstellung sollen die Bilder den alten Motiven gegenübergestellt werden. Wer selbst schon immer mal in einer Szene aus »Alle Jahre wieder« hat »mitspielen« wollen, kann das also in der Kreuzstraße tun. Schulz macht sicher mit, er hat auch für die offiziellen Bilder den legendären Wirt des damals im »K14« beheimateten »Jans in'n Holsken« gegeben.

Adresse Kreuzstraße 14, 48143 Münster | ÖPNV Stadtbus 5, 15, 16, Haltestelle Kuhviertel Rosenplatz | Öffnungszeiten Fr–Sa 19 Uhr | Tipp Um die Ecke ist das Grün & Form, ein beliebtes Gartenfachgeschäft.

60 Das Lackkunstmuseum

Lackmustest

Wann kann man schon mal – einfach so – über einen roten Teppich eine Treppe hinaufsteigen? Auf dem Weg in das Museum für Lackkunst (kurz: Lackkunstmuseum) in der Windthorststraße (für Besucher per Zug: direkt hinter der zweiten Ampel in Richtung Innenstadt; schwer zu übersehen, da recht beeindruckend) ist das jederzeit möglich.

Drinnen erwarten einen allerdings weder Blitzlichtgewitter noch Champagnerempfang, dafür hingegen eine einzigartige Sammlung von Lackkunst aus Ostasien, Europa und der islamischen Welt mit Objekten aus über zwei Jahrtausenden. Federführend beteiligt an dem Museum ist (beziehungsweise: wird wohl gewesen sein) die in Münster-Hiltrup ansässige »BASF-Coatings« mit dem Unternehmensschwerpunkt – Überraschung: Lack.

Historisch gesehen beruht die Ausstellung auf der Sammelleidenschaft von Dr. Erich Zschocke und Dr. Kurt Herberts, beide passionierte Horter der Lackkunst. Mal weniger (Sammlung Zschocke), mal mehr (Sammlung Herberts) von den Vernichtungen des Zweiten Weltkriegs betroffen, konnten die geretteten Schätze Stück für Stück zusammengetragen werden und »mit der Verschmelzung der beiden Sammlungen« durfte BASF fortan »über 2.000 Lackkunst-Objekte ihr Eigen nennen«. Das Museum bezog schließlich sein neues Quartier im Palais in der Windthorststraße und wurde 1993 eröffnet. Seine Zukunft indes ist ungewiss: Denn der Chemiekonzern hat jüngst beschlossen, sich von der Unterstützung des Museums dauerhaft zurückzuziehen und von der Sammlung zu trennen. Man suche einen neuen Träger und sehe das Unternehmensengagement künftig im Bereich der Bildung. Weshalb Bildende Kunst dann keine Rolle mehr spiele. Versteht da jemand den Zusammenhang? Und was ist eigentlich Lackkunst? Nutzen Sie die Chance und finden Sie es heraus: Der rote Teppich ist noch für Sie ausgerollt!

Adresse Windthorststraße 26, 48143 Münster | **ÖPNV** zu Fuß vom Bahnhof aus zu erreichen | **Öffnungszeiten** Di–So 12–18 Uhr | **Tipp** Gegenüber finden Sie den öffentlichen Park Engelenschanze.

61_Die Leihothek

Daniel Schaschecks Bibliothek der Alltagsgegenstände

Hand aufs Herz! Haben Sie einen Schlagbohrer? Schlittschuhe? Einen Notenständer? Eine Ballpumpe? Eine Blockflöte? Einen Campingkocher? Eine Discokugel? Ein Fernglas? Ein Megafon? Eine Hängematte? Wenn Sie mindestens einmal die Hand heben mussten und den betreffenden Gegenstand seit mehr als einem Jahr nicht benutzt haben (Selbstauskunft: erschütternde 5/10), können Sie sich ertappt fühlen und sollten bei Gelegenheit einmal Daniel Schascheks Leihothek an der Steinfurter Straße besuchen.

»Dinge, die du kaum, jedoch ab und zu brauchst, kannst du dir bei uns leihen. Wir haben viele tolle Sachen für jegliche Lebenslagen für dich parat«, beschreiben die Macher rund um Daniel Schaschek ihren Ansatz.

Die Idee dahinter ähnelt schon existierenden Konzepten wie beispielsweise Car-Sharing oder Co-Working – nur eben für die üblichen und weniger üblichen Dinge des Alltags, die sich bei so ziemlich jedem von uns im Laufe eines Lebens ansammeln, jedoch nur gelegentlich oder im Extremfall nach einmaliger Benutzung nie wieder benötigt werden. Das habe gleich drei Vorteile auf einmal: 1) Man spart Geld, etwa wenn man die Discokugel für die eine Party nicht für 50 Euro kauft, sondern für 3,50 Euro ausleiht. 2) Man schont die Ressourcen der Umwelt: Wenn sich ein paar hundert Leute einen Campingkocher teilen, müssen ein paar hundert davon weniger überhaupt produziert und später wieder entsorgt werden. 3) Man spart Platz. Wie viel Kram liegt einfach ungenutzt bei jedem rum und fängt lediglich Staub? Marie Kondō lässt grüßen. Passend dazu ist auch jeder eingeladen, nach erfolgreicher Ausmistung daheim der Leihothek Sachspenden zukommen zu lassen. Auch Objektwünsche werden gern angenommen und je nach Machbarkeit in das schon jetzt umfangreiche, Stand heute etwa 200 Gegenstände umfassende Sortiment aufgenommen. Klingt nach einer Idee, die in die Zeit passt.

Adresse Steinfurter Straße 79/5, 48149 Münster | **ÖPNV** Stadtbus 1, 5, 9, Haltestelle Henriette-Son-Straße | **Öffnungszeiten** Mo und Do 16–18 Uhr, www.leihothek.de | **Tipp** In der Nähe befindet sich der Schießstand des ABC Münster.

62 Lila Leeze

Fahrradladen nicht nur für Frauen

Eines der charmantesten Fahrradgeschäfte in Münster ist der »Frauenfahrradladen« Lila Leeze inmitten des Hansaviertels, gelegen in einem niedlichen Hinterhof an der Dortmunder Straße. Doch die Lila Leeze ist weit mehr als ein Fahrradladen.

Begonnen hat alles im Jahr 1986, die ursprüngliche Idee war die einer Selbsthilfegruppe rund um das Fahrrad von und für Frauen, die im Laufe der Zeit zu einem regelrechten Kollektiv anwuchs – von dem letztlich Eva-Regina Peter übrig blieb, als Betreiberin eines nunmehr ausgewachsenen Geschäfts für neue und, wichtig, weiterhin auch gebrauchte Leezen, inklusive voll ausgestatteter Werkstatt. Was sich erhalten hat, war indes der Selbsthilfegedanke und die grundsätzliche Idee von Toleranz, Vielfalt, Respekt, Inklusion und Gleichberechtigung; weswegen konsequenterweise fortan Männer sowohl als Kunden gern gesehen und auch als Mitarbeiter beschäftigt wurden.

Nach dem Tod von Eva-Regina Peter übernahm im Jahr 2014 ihr guter Freund Jens Schneiderheinze, modernisierte das Geschäft und führte zusätzlich einen Ausbildungsbetrieb ein, in dem – den aus Anfangszeiten beibehaltenen Ideen und Werten entsprechend – mit Freude auch jungen Menschen mit internationalem Hintergrund nicht nur eine Chance auf eine Berufsausbildung, sondern darüber hinaus auf ein Ankommen in Münster geboten wird. Anfang 2020 wurde die Lila Leeze von der 2-Rad Hansen GmbH aus Münster-Handorf übernommen. Wer jetzt allerdings einen Ausverkauf der Ideale befürchtet, darf beruhigt sein: »Gerade in Zeiten, in denen die gesellschaftlichen Ränder immer stärker werden und die demokratische Mitte an Unterstützung verliert, halten wir es für äußerst wichtig, dass es einen Betrieb wie die Lila Leeze, die auch als Politikum immer wusste, wo sie stand, weiterhin gibt«, lassen die neuen Chefs wissen. Nur ein weiteres Kapitel eines besonderen Fahrradgeschäfts also.

Adresse Dortmunder Straße 11, 48155 Münster | **ÖPNV** zu Fuß vom Bahnhof aus zu erreichen | **Öffnungszeiten** Mo–Fr 10–18.30, Sa 10–14 Uhr | **Tipp** Nebenan findet sich die beliebte Fleischerei Hidding, vormals Erpenbeck.

63 Lohmann

Aaabfaahrt! – der Radsporttreff in Münster

Wenn man am Sonntagmorgen in Münster in sportlicher Montur mit dem Rennrad unterwegs ist und während der Fahrt oder an einer Ampel einem Sportsfreund begegnet, fällt die Begrüßung neben dem üblichen Handheben in der Regel folgendermaßen wortkarg aus: »Moin!« – »Moin!« – »Lohmann?« – »Lohmann!« – »Zusammen?« – »Jupp!« In die Pedale eingeklickt, und ab geht's. Am um diese Uhrzeit sicherlich mit am schönsten daliegenden Aasee vorbei in Richtung Mecklenbeck, zum Parkplatz einer Gaststätte mit ebenjenem Namen.

Genau genommen heißt die Lokalität zwar schon länger nicht mehr »Lohmann«, sondern »Irodion« und beherbergt ein griechisches Restaurant in einem schönen, regionstypischen alten Fachwerkgebäude, wie es sie nicht mehr so oft gibt. Radsportler sind in der Regel allerdings Traditionalisten, und man kann ja nicht alle 20 Jahre den Namen des Treffpunkts ändern. Bei »Lohmann« also trifft sich die münsterländische Rennradsportgemeinde jeden Sonntag, Betonung auf *jeden* Sonntag, um Punkt 10 Uhr (gewartet wird nicht!) zu einer gemeinsamen Ausfahrt – im Renntempo – in Richtung der für Radsportler nahe gelegenen, für Normalsterbliche einen Tagesausflug entfernten Baumberge. Und wieder zurück.

Gestartet wird gemeinsam, und zunächst geht es in noch verhältnismäßig moderatem Tempo in Zweierreihe Richtung Havixbeck, sodass man denken mag: »Was haben die denn alle immer mit Lohmann? Ist doch halb so wild!« Wenn sich dann im Kreisverkehr die Gruppe teilt und viele, zumeist ältere Teilnehmer auf die kurze Strecke abbiegen, wird man vom Rest des Feldes dann eines Besseren belehrt: Vollgas ohne Gnade in wilder Fahrt durch die Baumberge. Gewartet wird auch hier – nicht. Wiedersehen tut man alle erst wieder bei »Lohmann«, wo dann gern noch bei ein, zwei Bierchen gefachsimpelt wird. Danach ist »Lohmann« dann wieder »Irodion«. Bis zum nächsten Sonntag. Punkt zehn Uhr.

Adresse Mecklenbecker Straße 345, 48163 Münster-Mecklenbeck | ÖPNV Stadtbus 10, Haltestelle Mecklenbecker Straße | Anfahrt mit dem Rennrad am Aasee stadtauswärts | Öffnungszeiten Abfahrt So 10 Uhr | Tipp Dieselbe Runde lässt sich auch gut allein oder in kleineren Gruppen mit normalen Rädern befahren. Auf dem Weg lohnt ein Abstecher zum Longinusturm.

64 Der Mauritzhof

Daheim mitten in Münster

Ein Lieblingsmensch aus der alten Heimat gestand mir eines Tages, tatsächlich noch nie im Leben in Münster gewesen zu sein. Das galt es natürlich zu ändern: Ein schönes Wochenende sollte es werden mit allem, was dazugehört. Stellte sich als Nächstes die Frage nach der Unterkunft, die Couch von Freunden – eigentlich meine erste Wahl – sollte es am Wochenende dann doch nicht sein. Bloß war ich bisher tatsächlich noch nie in ein münstersches Hotel eingekehrt. Da der Lieblingsmensch in Sachen Urlaubsplanung über ein ausgesprochen glückliches Händchen verfügt, gab ich freie Hand, und die Wahl fiel auf den Mauritzhof, an dem ich bisher eigentlich immer nur vorbeigeradelt war. Welch Versäumnis!

Schon beim Eintreten geschieht etwas Besonderes: Eben noch vom Bahnhof über die wuselige Wolbecker und die dicht befahrene Eisenbahnstraße gekommen, herrscht drinnen auf einmal absolute Ruhe. Und, das ist sicher kein Zufall, es duftet unglaublich gut. Die Zimmer verwöhnen ebenfalls mit Fußbodenheizung, schicken Bädern, tollen Fotos, wirklich unglaublich komfortablen Betten und erneut völliger Stille. Man sollte sich allerdings den Luxus gönnen, ein Balkonzimmer zur Promenade hin zu buchen. Denn wenn man die Tür nach draußen öffnet, ist es auf wundervolle Art und Weise vorbei mit der Ruhe, man lässt quasi die Lebensader der Stadt, die Promenade, direkt ins Zimmer herein. Noch direkter ist das unten auf der tollen Terrasse, die gleichzeitig ein halber Kräutergarten ist. Man hat dort fast das Gefühl, auf der Promenade zu sitzen, inklusive Kaninchenfamilien auf der Wiese. Ein Drink von der schicken Bar, draußen oder später drinnen am Kamin, und das Restaurant »RECKOS« ist zu allem Überfluss auch noch spitze.

In diesem Hotel ist man gleichzeitig aber so was von mitten in Münster, mehr geht eigentlich gar nicht. Genau genommen müsste man den Mauritzhof also gar nicht mehr verlassen.

Adresse Eisenbahnstraße 17, 48143 Münster | ÖPNV zu Fuß vom Bahnhof aus zu erreichen, öffentlicher Parkplatz gegenüber | Öffnungszeiten täglich | Tipp Wer Lust auf Frühstück außerhalb hat, fußläufig ist das »Café Montmartre«, das den Namen zu Recht trägt.

65 The Moon in Alabama

Wenn der Mond aufgeht

Wenn man nicht auf sie achtet, fallen sie meist gar nicht auf, dennoch sind sie überall: Die unzähligen grauen Schaltkästen, die, innen vollgestopft mit Elektronik, von außen oft verdreckt oder mit mal mehr, mal weniger liebevollen Graffitis versehen, so hässlich wie unerlässlich für das Funktionieren von städtischer Infrastruktur sind.

Doch das muss nicht so sein, dachte man sich in Münster schon im Jahr 2010: Das oft etwas stiefmütterlich behandelte Bahnhofsviertel sollte durch künstlerische Gestaltung im öffentlichen Raum aufgewertet und dadurch lebenswerter gemacht werden. Geboren war damit das Projekt »The Moon in Alabama«, das vom Künstler Tobias Rehberger entwickelt und umgesetzt wurde: Aus den Schaltkästen sollten schrill-bunte Kunstwerke werden, die sich in die Stadt hineinwinden und wuchern, jeder mit Bezug zu einem anderen Ort und mit einer weißen Lampe, die stets leuchtet, sobald dort der Mond aufgeht. Schon 2014 konnten alle elf Stationen fertiggestellt werden. Die Idee zu »The Moon in Alabama« fand Rehberger nach eigenen Angaben im »ersten Moment, ehrlich gesagt, etwas seltsam«, zeigte sich im Folgenden aber »absolut offen dafür, wie die Menschen in der Stadt die neuen Objekte annehmen, offen auch für Überraschungen.

Ob sie diese als Treffpunkt oder als Orientierungspunkt nutzen, ob sie ihren Lieblingsort ausmachen, ob sie sich hier verabreden oder ob sie anhand der verschiedenen Objekte einem Parcours durch die Stadt folgen.« Rehberger ist in der münsterschen Freiluft-Kunstszene kein Unbekannter, machte er doch schon während der Skulptur-Projekte 1997 mit der Installation »Günter's (wiederbeleuchtet)« auf sich aufmerksam, einer, heute würde man sagen Pop-up-Bar auf der Dachterrasse des Hörsaalgebäudes am Schlossplatz.

Das Projekt »The Moon in Alabama« ist auf Dauer angelegt, so wie ja auch der Mond immer wieder aufgeht.

Adresse Berliner Platz 25, 48143 Münster | ÖPNV zu Fuß rund um den Bahnhof | Tipp Wer am Bahnhof den Kultimbiss »Otmar« vermisst, findet ihn in Handorf beim Dehner-Gartencenter.

66 Moondog

Die letzte Ruhestätte

Der US-amerikanische Musiker und Komponist Moondog wurde 1916 in Marysville, Kansas geboren und wuchs unter dem bürgerlichen Namen Louis Thomas Hardin auf. Als Sohn einer Lehrerin und eines Wanderpredigers lebte er während seiner Jugend an vielen verschiedenen Orten im Mittleren Westen der USA, was er später als sehr prägend für seinen Freiheitsdrang beschreiben sollte. Ebenfalls prägend war der Verlust seines Augenlichts als Teenager durch einen Unfall mit Sprengstoff.

Auf einer Schule für Sehbehinderte kam er in Kontakt mit klassischer Musik und erhielt die Möglichkeit, diverse Instrumente zu erlernen. Gleichzeitig erlangte er dort Kenntnisse in Harmonik, die er schnell durchdrang. Er bildete sich intensiv weiter, sodass er später sogar meist ohne Instrument komponiert haben soll. Überliefert ist die Aussage, ohne den Unfall hätte er »wohl nie die Möglichkeit bekommen, Musiker zu werden«. In den 1940er Jahren verschlug es ihn – wie so viele – nach New York City, wo er sich zunächst als Musiker und Dichter ohne festen Wohnsitz verdingte und schnell ein Fixpunkt auf den Straßen Manhattans wurde. Aus dieser Zeit stammt auch sein Künstlername, nach seinem damaligen Blindenhund, der des Nachts stets den Mond angeheult haben soll. Im New York der späten 1940er Jahren hatte er bereits zahlreiche namhafte Kollegen kennengelernt, beispielsweise Strawinski und Bernstein, erste Konzertauftritte und erfolgreiche Aufnahmen sollten folgen. Dann verschwand er urplötzlich aus New York, wurde schon für tot gehalten, war aber 1974 tatsächlich lediglich nach Deutschland gereist, um zwei Konzerte zu geben. Nach eigenen Aussagen gefiel es ihm hier so gut, dass er sich »entschieden habe, nicht mehr in die USA zurückzugehen«.

Er starb 1999 in Münster und hat auf dem Zentralfriedhof seine letzte Ruhestätte gefunden. Das sehenswerte Grabmal wurde nach seiner Totenmaske gestaltet.

Adresse Robert-Koch-Straße 11, 48149 Münster | ÖPNV Stadtbus 10, 14, Haltestelle Bismarckallee | Öffnungszeiten täglich ab 7 Uhr | Tipp Neben Moondog finden sich zahlreiche weitere berühmte Gräber, etwa das Familiengrab Hüffer und das Grabmal ten Hompel.

67_Das Münster Modell

Neue Perspektiven

Das »Münster Modell« kommt rum. Daher ist es auch nicht weiter schlimm, dass es noch keinen endgültigen Platz gefunden hat. Nachdem das Modell, welches die Architektur der Stadt in 500-facher Verkleinerung zeigt, schon in den Arkaden, der Speicherstadt in Coerde, am Hafen, in der Trafostation, im Lackkunstmuseum und zuletzt am Alten Steinweg Position bezogen hatte, ist es aktuell in einer Ausstellungspause.

Mittelfristig soll in dem inzwischen bereits zu 85 Prozent fertiggestellten Modell die gesamte Innenstadt vom Mühlenhof bis zum Zentrum Nord und vom Leonardo-Campus bis zum Hafen abgebildet werden. Das Modell wächst Platte für Platte. Dafür wurde das Gebiet in 64 Quadrate geteilt. In diesem Zustand wird das aufgebaute Modell eine Fläche von 8 x 8 Metern umfassen – darüber hinaus wurden aber keine Grenzen gesetzt. Auf lange Sicht soll sich das Münster Modell als zentrales Instrument in der Entwicklung der Stadt etablieren: Bürger und Besucher, Studenten und Schulklassen können daran die historischen und aktuellen Veränderungen nachvollziehen, für Politik und Verwaltung wird es eine dreidimensionale Gesprächs- und Entscheidungsvorlage bieten, um die Einfügung wichtiger Projekte der Stadtplanung zu prüfen. Architekten und Bauherren schließlich können am Modell Standorte und Entwürfe im Stadtraum vergleichen. Träger des Stadtmodells ist der gemeinnützige Verein »Münster Modell e. V.«, der im Mai 2006 gegründet wurde. Zu seinen Zielen gehört neben der Erstellung des eigentlichen Modells auch die »Förderung des baukulturellen Diskurses und die Stärkung des Bewusstseins für Stadt und Architektur in Münster«. Zu dem Zweck werden neben wiederkehrenden Ausstellungen des Modells – ein fester Standort wird angestrebt – auch Vorträge, Diskussionen und Führungen angeboten. Ein Modell, passend zur Stadt: Es wächst und gedeiht – mit Zukunft.

Adresse Informationen unter www.muenster-modell.de, erste Jahreshälfte 2023 in der Stadthausgalerie (Rathausinnenhof), 48143 Münster | ÖPNV Stadtbus 2, 4, 11, 14, Haltestelle Klemensstraße | Öffnungszeiten Di – So 12 – 18 Uhr | Tipp Hier finden viele wechselnde Ausstellungen und Events statt.

68 Die Ölmühle Schönefeld

Mira presst selbst

Überraschend in Münster ist oft, dass der Wechsel von »mitten in der Stadt« zu »mitten auf dem Land« sehr schnell vonstattengehen kann. So ergeht es einem auch, wenn man sich auf die Suche nach der Ölmühle von Mira Schönefeld begibt.

Gerade bestaunt man noch das Treiben am schicken Germania Campus, da laufen einem ein paar hundert Meter weiter an der Gasselstiege schon die ersten Hühner über den Weg. Denn die Ölmühle Schönefeld liegt dort auf dem schönen Gelände des Naturlandhofs lütke Jüdefeld, dessen »Bewohner« sich dem biologischen Lebensmittelanbau und Verkauf in Münster und Umgebung verschrieben haben. Ihre Heimat hat die Ölmühle dort 2016 in einem alten Melkschuppen gefunden, der zuvor einiger Renovierungsarbeiten bedurfte und nun ausgesprochen schmuck daherkommt. Drinnen findet sich der Verkaufsraum mit Ölen, Mehlen und Musen und auch der Werkstattbereich mit der überraschend kleinen Mühle. Die Besonderheit ist, dass die Maschine wassergekühlt arbeitet und so sichergestellt werden kann, dass die Rohstoffe für die Öle niemals Temperaturen jenseits der 37 Grad erreichen. So bleiben stets alle wichtigen Nährstoffe erhalten, und das Ergebnis ist garantiert naturbelassen und in Rohkostqualität, mit allen Vitaminen, Mineralstoffen und Fettsäuren. Auf übliche industrielle Weiterverarbeitungsschritte wie Filterung, Bleichung oder Desodorierung wird hier komplett verzichtet. Daher ist auch die Frische der Öle von besonderer Wichtigkeit: Die Herstellung erfolgt Woche für Woche, kleine Mengen und kurze Wege zum Verbraucher sind hier nicht Kompromiss, sondern Tugend. Wann immer möglich setzt Schönefeld zudem auf Rohstoffe aus der Region.

Zum Sortiment gehören unter anderem Leinöl, Hanföl, Mohnöl, Sesamöl, Walnussöl, Kürbiskernöl, Kokosöl, Schwarzkümmelöl und Olivenöl. Lecker! Und immer freitags auf dem ökologischen Bauernmarkt am Dom erhältlich.

Adresse Gasselstiege 115, 48159 Münster | ÖPNV Stadtbus 6, 8, Haltestelle Dreizehnerstraße | Öffnungszeiten Mühlenladen Di 14.30 – 17.30 Uhr, Fr 12 – 17 Uhr | Tipp In der Nähe befindet sich der Germania Campus, im Winter mit Eislaufbahn.

69_Der Pängelanton

Auf Umwegen ans Ziel

Der Münsteraner Karneval … fernab von Köln, Düsseldorf, Mainz und Co. taucht er in der öffentlichen Wahrnehmung außerhalb der Stadtgrenzen eher selten auf, wird innerhalb dieser jedoch keinesfalls weniger ernst genommen.

Auch die zahlreichen Karnevalsgesellschaften haben hier Tradition – und speziell die »K.-G. Pängelanton e. V.« aus Gremmendorf hat es sich nicht nehmen lassen, ein ziemlich massives Zeichen zu setzen: den Pängelanton. Dabei handelt es sich um eine historische Dampflok, die auf Umwegen zu ihrer »Haltestelle« nach Gremmendorf gefunden hat. Die Idee dahinter war, passend zum 50-jährigen Bestehen der Gesellschaft im Jahr 1982, das Wappenlogo – eine Dampflokomotive – real vor Ort in Szene zu setzen. Historisch sogar an korrekter Stelle, denn Anfang des vorigen Jahrhunderts verlief genau dort tatsächlich die Bahnstrecke der Westfälischen Landes-Eisenbahn von Lippstadt nach Münster. Die Züge kündigten dort ihre Durchfahrt stets durch lautes Bimmeln (Plattdeutsch: Pängeln) an, daher rührt der liebevolle Name. Auf Umwegen deshalb, weil die Lok alles andere als leicht aufzutreiben war. Baujahr 1902, verrichtete sie bis 1971 ihren regulären Dienst und sollte anschließend ursprünglich in Hildesheim für historische Fahrten restauriert werden, was jedoch aus Kostengründen scheiterte. Ein Glücksfall für die »K.-G. Pängelanton e. V.«, da man die Lok so zum kolportierten Schnäppchenpreis von gut 10.000 Mark erwerben konnte.

Nach aufwendigen Renovierungsarbeiten in Hiltrup und Lippstadt gelangte sie schließlich nach Gremmendorf an ihren heutigen Standort. Dort ist sie seitdem nicht nur Wahrzeichen des Stadtteils, sondern auch ein beliebtes Ausflugsziel für Jung und Alt, besonders bei Bahn-Enthusiasten, da es weltweit nur noch wenige so gut erhaltene Exemplare dieses Loktyps zu bestaunen gibt. Ebenfalls vor Ort finden Sie ein Eisenbahnmuseum.

Adresse Albersloher Weg / Erdbrostenweg, 48167 Münster-Gremmendorf | ÖPNV Stadtbus 6, 8, Haltestelle Nogatstraße | Öffnungszeiten jederzeit zu besichtigen | Tipp Die Gaststätte »Heuckmann« am Gremmendorfer Weg ist zugleich Vereinslokal der »K.-G. Pängelanton e. V.«.

70 Papa George

Der griechische Kultimbiss

Als (Neu-)Münsteraner wird man über kurz oder lang bei »Papa George« landen. Der griechische Imbiss darf zu Recht als Institution bezeichnet werden, ist man doch seit mehr als 30 Jahren an der Wolbecker Straße ansässig und versorgt Hungrige mit klassisch griechischem Fastfood.

Spezialitäten sind das kaum zu bewältigende »Gyros komplett«, frisch Gegrilltes, eine leckere Auswahl an Antipasti und Salaten und nicht zuletzt die nach Wunsch belegte Pizza. Dazu gibt es zur Selbstbedienung griechische und internationale Limonaden, Säfte, Biere und – natürlich – den viel besungenen hellenischen Wein. Das Highlight ist aber sicherlich die mehr als großzügig gefüllte Pita-Tasche mit frisch gebackenem Brot, krossem Gyros, knackigem Krautsalat und einem dicken Schlag Tzatziki, zum unschlagbaren Preis. Warnung: Wegen Kleckergarantie und Knoblauchkeule definitiv nicht erstdatetauglich!

Ein klein wenig seiner Gemütlichkeit hat der Imbiss eingebüßt, seit man sich vor ein paar Jahren etwas weiter stadtauswärts vergrößert hat. Jetzt ist zwar reichlich Platz vorhanden, es gibt eine Spielecke für die Kleinen und endlich auch barrierefreien Zugang. Dafür wird es – vor allem am Wochenende gegen Abend – aber auch manchmal etwas voll und hektisch. Ein Phänomen ist, dass die Chefin und das offensichtliche Familienoberhaupt des immer netten Teams hinter dem Tresen selbst im größten Chaos nie eine Bestellung verwechselt, ohne je etwas zu notieren. Ihr gelegentliches Knurren ist im Übrigen nicht böse gemeint – wenn man das richtige Fußballtrikot (welches das ist, wird an dieser Stelle nicht verraten) anhat, bekommt man nach dem Essen von ihr manchmal sogar einen Ouzo spendiert!

Geöffnet ist täglich; Vorbestellung und Abholung sind möglich, neuerdings wird auch via Lieferdienst bis zur Haustür zugestellt – es besteht jedoch ausdrücklich keine Verbindung zum gleichnamigen Lieferdienst.

Adresse Wolbecker Straße 51, 48155 Münster | ÖPNV vom Bahnhof aus zu Fuß zu erreichen | Öffnungszeiten Mi–Mo 12–23 Uhr, www.papageorge-ms.de, Tel. 0251/664263 | Tipp Auf der anderen Seite finden Sie den charmanten Laden/Tasting-Room »Heimat Heroes« für regionale Genussmittel.

71 Der Pardo Pier

Lakeside

Die bloßen Daten klingen recht nüchtern: »Steg über das Wasser aus kalifornischem Redwood – Länge des Steges etwa 48 Meter, Breite der Terrasse am Ende des Steges circa 10 Meter, Höhe des Pavillons 2,54 Meter – Standort: Westliches Aaseeufer, südlich der Annette-Allee, permanente Installation.«

Doch das trifft zu kurz. Denn tatsächlich ist der Pardo Pier einer der schönsten Orte der nicht gerade an Mangel an schönen Orten leidenden Stadt Münster. Aber erst mal einen Schritt zurück (oder mutig vor, wenn man schon mal da sein sollte): Denn der Bootssteig ist mitnichten nur das, sondern zudem Kunst. Genauer gesagt ein Kunstprojekt des 1963 in Havanna geborenen und namensgebenden Urhebers Jorge Pardo. Der hat ihn im Rahmen der münsterschen Skulptur-Projekte 1997 beigesteuert und der Stadt fortan überlassen. Seiner Philosophie treu, verbindet der in Los Angeles lebende Künstler auch mit dem Pier künstlerische Kreativität auf der einen Seite mit der tatsächlichen Benutzbarkeit auf der anderen: in diesem Fall für eine kurze Auszeit während einer Aaseerunde oder einen lauen Abend am beziehungsweise über dem Wasser, mit Blick ins Grüne oder über die Stadt. »In seinem materialbewussten und puristischen Reflex auf die Kunstlandschaft des Sees verbindet Pardo die strenge Architektur der frühen Moderne mit der traditionellen Bauweise asiatischer Gartenarchitektur«, nennen das dann die Experten. Nun ja. Wir mögen es einfach.

Heute etwas aus der Zeit gefallen, dennoch recht charmant und für diesen Ort irgendwie passend ist übrigens, dass sich am Ende des Piers tatsächlich einstmals ein Zigarettenautomat befand. Der wurde wegen Wartungsaufwand allerdings irgendwann abgeschafft. Aber seien wir ehrlich: Wenn einen in Münster doch noch mal die Lust überkommen sollte, eine Zigarette zu rauchen und dabei vielleicht auch über begehbare Kunst zu sinnieren – wo denn lieber als dort?

Adresse Aaseeufer, Annette-Allee, 48149 Münster | **ÖPNV** Stadtbus 2, 4, 10, Haltestelle Bismarckallee | **Öffnungszeiten** jederzeit | **Tipp** Die Skulptur »Blickst du hinauf und liest die Worte …« von Ilya Kabakov ist ganz in der Nähe.

72 Die Paul-Wulf-Skulptur

Geschichte von unten

Die Paul-Wulf-Skulptur am Servatiiplatz mit dem Namen »Münsters Geschichte von unten« ist ein echter Hingucker. Überlebensgroß fast dreieinhalb Meter hoch und mit einem Mantel bekleidet, der mit wechselnden politischen Plakaten beklebt wird, ist sie nicht zu übersehen. Der hier dargestellte, 1999 verstorbene Paul Wulf schaut dabei recht zufrieden in die Ferne, vor dem Hintergrund seiner Geschichte nicht unbedingt zu erwarten. Denn er wurde Opfer der Gräueltaten der Nazis.

Auf Grundlage des abscheulich-verharmlosenden Gesetzes »zur Verhütung erbkranken Nachwuchses« wurde Wulf als Teenager als einer von rund 400.000 Menschen Opfer einer »rassenhygienischen« Zwangssterilisation unter fragwürdigsten Umständen. Von 1949 an kämpfte Wulf gerichtlich um Anerkennung, Opfer des Nationalsozialismus geworden zu sein sowie für eine Entschädigung, die seinem Leid zumindest ansatzweise Rechnung tragen sollte. 30 Jahre später erfolgte schließlich die Bewilligung von Rentenzahlungen. Er wirkte zudem als Initiator vieler Ausstellungen und Dokumentationen zum Unrecht der NS-Zeit, für die er im Jahr 1991 mit dem Bundesverdienstkreuz ausgezeichnet wurde. Paul Wulf verstarb am 3. Juli 1999.

Das Kunstwerk zu seinem Andenken war Teil der Münsteraner Skulptur-Projekte aus dem Jahr 2007 (Gewinnerin der Wahl zur beliebtesten Skulptur) und stammt von der Frankfurter Künstlerin Silke Wagner. Das Werk stand während der Ausstellung zunächst am Stadthaus an der Klemensstraße und zog dann, unter anderem mit städtischen Geldern finanziert, drei Jahre später an seinen heutigen Platz vor dem Iduna-Hochhaus. Sein Verbleib dort wurde immer wieder diskutiert, sowohl aus Finanzierungsgründen als auch wegen der Umgestaltung des Servatiiplatzes. Im Juni 2020 beschloss die Stadt dann, den Gedenkort an Wulf dauerhaft zu erhalten. Gut so, denn er ist ein echter Hingucker – mit mahnendem Hintergrund.

Adresse Salzstraße 30, 48143 Münster | **ÖPNV** zu Fuß vom Bahnhof aus zu erreichen | **Tipp** Das Iduna-Hochhaus steht, warum auch immer, unter Denkmalschutz. Riskieren Sie also ruhig mal einen Blick!

73 Das Pendel

Und sie dreht sich doch

Während man St. Lamberti auf dem Weg in die Stadt via Salzstraße schon von Weitem sieht (häufig zu hörender Ausruf von Besuchern: »Guck, der Dom!«), lassen viele die Dominikanerkirche auf dem Weg dorthin unbeachtet links (beziehungsweise in diesem Fall rechts) liegen.

Dabei lohnt ein näherer Blick, sowohl von außen als auch von innen, durchaus. Von der ursprünglich dort errichteten Klosteranlage ist noch eine Wand erhalten, die heute als Tor zu den dahinter liegenden Bereichen der Innenstadt genutzt wird. Die Kirche selbst weist eine römische Barockfassade aus Backstein sowie eine achteckige Kuppel auf, die, von innen betrachtet, durch ihre schlichten Verzierungen besticht. Seit der Profanierung der Kirche im Jahr 2017 dient sie nichtreligiösen Zwecken, etwa als Konzertsaal und für Ausstellungen.

Und in genau diesem Bereich hat sie ein echtes Highlight zu bieten: die Installation »Zwei Graue Doppelspiegel für ein Pendel« des Malers und Bildhauers Gerhard Richter. Dabei handelt es sich um ein funktionstüchtiges sogenanntes Foucaultsches Pendel, mit dem sich auch ohne astronomische Beobachtungen die Rotation der Erde nachweisen lässt. Hierzu schwingt eine große Masse (in der Dominikanerkirche eine 48 Kilogramm schwere Messingkugel) an einem langen (hier 29 Meter) Seil, auf der darunter liegenden (in diesem Fall dunkelgrauen, daher der Name) Bodenplatte lässt sich dann, vereinfacht gesagt, die zwischenzeitlich erfolgte Erdrotation ablesen. Hunderttausende Besucher haben das Kunstwerk seit 2018 in Aktion bestaunt, und nicht wenige waren baff, wie schnell sich die Erde tatsächlich dreht. Einer erzählt, er käme seit der Installation des Pendels bei jedem seiner Münsterbesuche einmal auf dem Hin- und dann noch mal auf dem Rückweg herein und wäre jedes Mal aufs Neue erstaunt, wie weit wir uns zwischenzeitlich bewegt haben.

Adresse Dominikanerkirche, Salzstraße 10, 48143 Münster | ÖPNV zu Fuß vom Bahnhof aus zu erreichen | Öffnungszeiten Mi–So 11–18 Uhr | Tipp Ganz in der Nähe finden Sie den Erbdrostenhof, der als Münsters schönster Adelshof gilt.

74 Der Picasso-Platz

Auf Kunst stehen

Da stehen nun alle, und keiner weiß so recht, warum. Gestritten wurde vorher reichlich um den – im wahrsten Sinne des Wortes – Standpunkt, nicht nur Münster-parteiübergreifend, auch Claude Ruiz, Sohn des Namensgebers, schaltete sich in die Debatte ein: Es ging um den Picasso-Platz. Mittlerweile ist er im münsterschen Alltag angekommen und die Debatte darum im Bereich der städtischen Folklore anzusiedeln.

Dennoch steht man da nun, auf dem Picasso-Platz 1 an der Königsstraße, vor dem gleichnamigem und auch unabhängig von den regelmäßigen Sonderausstellungen mehr als sehenswerten »Kunstmuseum Pablo Picasso Münster« und der charmanten Bar »Bistro Monsieur P«, und fragt sich immer noch: warum? Wie so oft lohnt ein Schritt zurück. Oder in diesem Fall: hinauf. Denn die (zugegeben: ich habe nicht nachgezählt) 13.783 Steine des Anstoßes (Granit, Basalt und Beton aus Vietnam, der Eifel und dem Münsterland selbst) ergeben von unten aus betrachtet erst einmal keinen Sinn. Erst aus der Vogelperspektive, die man natürlich nicht ganz zufällig aus einer der höheren Etagen des Museums einnehmen kann, erschließt sich endlich das Bild: ein überlebensgroßes Konterfei von Picasso selbst, aus ebendiesen Steinen zusammengesetzt. Dass das nicht jedem auf Anhieb gefallen würde, war klar. Picassos Sohn Claude hatte im Detail die ursprünglich angedachte Darstellung seines Vaters mit freiem Oberkörper bemängelt und Recht bekommen, der Bund der Steuerzahler bemängelte insgesamt die Ausgaben von etwa einer halben Million Euro für die Umgestaltung des Platzes an und für sich. Dass auch der Künstler selbst und sein Wirken abseits der Kunst mittlerweile mitunter kritisch gesehen werden darf: heutzutage sicher keine Frage mehr.

Wie bei der Kunst an sich lohnt also auch beim Picasso-Platz stets ein Perspektivwechsel, in diesem Fall ein Schritt zurück. Oder eben nach oben.

Adresse Picasso-Platz, 48143 Münster | **ÖPNV** Stadtbus 4, 10, 11, 12, 14, Haltestelle Domplatz | **Tipp** In der Königsstraße finden Sie auch das »Aux Macarons« mit den berühmten französischen Gebäckspezialitäten.

75__Das Plan B

Rock and let roll

Wer endlich mal wieder eine ordentliche Rockkneipe alter Schule besuchen möchte, der wird in Münster am Hansaring fündig. Zwischen all den traditionellen, westfälischen Gasthöfen und den ungezählten, studentisch besiedelten Hipsterläden der Stadt findet sich mit dem Plan B dort kurz vor der großen Kreuzung Ring/Bremer Straße ein echtes Kleinod.

Von außen zuplakatiert und mit Graffitis und Aufklebern übersät, würde man beim Betreten als Erstes ordentliche Nikotinschwaden erwarten. Aber die Zeiten sind ja vorbei, woran auch ein kleiner Altar mit Totenschädel und einem R.I.P. an den letzten Raucher hier anno 2013 erinnert. Stattdessen strömt einem aus dem Halbdunkel feinster Gitarrensound entgegen, der manchmal sogar aus der Hand beziehungsweise vom Plattenteller des obersten Rock-Fachmanns Münsters – DJ Frank Möller – stammt. Aber auch Livemusik steht immer wieder auf dem Programm, wobei hier ebenfalls der Schwerpunkt auf Alternativerockwavefunkbeatspunk'n'rollgaragesoulsurfhop mit einer recht stattlichen Historie an Künstlern liegt.

Wer einen Gin Tonic bestellt, bekommt den auch ohne vorherige Diskussion über die Zusammensetzung, ansonsten trinken die meisten Kölsch, Pils und Alt, knabbern Erdnüsse und Salzstangen. Happy Hours gibt es auch, immer pünktlich, wenn um 19 Uhr die Türen aufgeschlossen werden, und wechselnde Bier-Specials zu fairen Preisen.

Auf kleinen Fernsehern laufen angenehm nebensächlich Fußballspiele, für wichtige wird auch mal die Leinwand ausgerollt. Und mit Glück wird man im Nebenraum am eigentlich immer besetzten Kicker zum Mitspielen eingeladen, der selbstverständlich kostenlos ist. Weitere Spiele kann man an der Theke ausleihen. Und das Team um Betty und Stefan beschreibt sich treffend als »nett, einige herzlicher, andere härter«.

Dass es solche Läden noch gibt? Klingt eigentlich eher nach Plan A …

Adresse Hansaring 9, 48155 Münster | ÖPNV zu Fuß vom Bahnhof aus zu erreichen | Öffnungszeiten Mo–Do und So 19–2 Uhr, Fr und Sa 19–4 Uhr | Tipp Am Kiosk vorher ein Getränk besorgen und am Hafenbecken vorglühen.

76 Planespotting in Telgte

Besucher auf dem Flughafen willkommen

Am Flugplatz Münster-Telgte herrscht bei schönem Wetter meist reger Betrieb. Zahlreiche kleine Flugzeuge, egal ob motorisiert oder als Segelflieger, bevölkern dann den Start- und Landebereich und natürlich auch den Luftraum, hat man doch bei freier Sicht aus dem Flieger die seltene Gelegenheit, einen Blick auf Münster von ganz oben zu genießen, sei es nun auf einem Flug mit Destination oder einem genüsslichen Rundflug über die Parklandschaft des Münsterlands.

Eine Besonderheit der intimeren Atmosphäre dieses 1964 eröffneten Verkehrslandeplatzes im Vergleich zu den üblichen Großflughäfen: Sogenannte Plainspotter, also Flugzeugenthusiasten, die die Maschinen auch einmal aus der Nähe betrachten, fotografieren oder filmisch dokumentieren wollen, sind hier ausdrücklich erwünscht. Und so finden bei Sonnenschein neben den Piloten und ihrer Begleitung stets auch zahlreiche Besucher, ob mit dem Auto oder auch per Leeze, etwa entlang von Ems und Werse, ihren Weg zum Flugplatz Münster-Telgte. Für Kaffee und Kuchen sorgen die Vereine, und die angrenzende Gastronomie »Berdelhafen« hat ebenfalls viele treue Gäste. So gestärkt, können die Plainspotter dann ihr Equipment herausholen und sich aus nächster Nähe an der geballten Flugzeugtechnik berauschen.

Apropos Vereine: Gleich vier Luftsportvereine haben sich dort angesiedelt. Neben dem Fallschirmsportclub sind für die Flugzeugfans vor allem natürlich die Motorfluggruppe, der Luftsportverein und die Segelgruppe interessant. Trotz unterschiedlicher Schwerpunkte teilen alle die Leidenschaft für das Fliegen. Teilweise werden sogar Schnupperflüge angeboten – ein Anruf am Vortag genügt meist. Und wer dann Feuer und Flamme ist, kann sich auch über die Pilotenausbildung informieren. Und wer lieber am Boden bleibt, ist, so das Wetter es zulässt, ebenfalls jederzeit herzlich willkommen.

Adresse Berdel 53, 48291 Telgte | **Anfahrt** mit dem Auto via Wolbeck über die L 585 | **Öffnungszeiten** 9 Uhr bis Sonnenuntergang | **Tipp** Am Flugplatz findet sich auch ein Boeing-737-Flugsimulator, den man buchen kann.

77 Die PSD Medienfassade

Public Viewing

Fährt man über den Albersloher Weg nach Münster hinein, gibt es viel zu sehen. Zunächst den Kanal, dann Hafenbecken und Cineplex und schräg gegenüber zur Straßenseite hin die beeindruckende Medienfassade des großen PSD-Bankhauses.

Sie bildet mit ihrer Größe von 14 mal 14 Metern, was einer Fläche von fast 200 Quadratmetern über vier Etagen entspricht, und ihrer transparenten Lamellenstruktur einerseits eine Art Schaufenster in das Bürogebäude. Andererseits lassen sich ihre 132.480 Leuchtdioden mit dynamischen Videoinhalten – zum Beispiel aus Stadt und Region – bespielen und geben den an der Ampel Wartenden einen bunten Ausblick. Sie soll damit einen »Dialog mit der Öffentlichkeit schaffen und dabei das Ambiente der kommunikativen Hafenatmosphäre aufgreifen« und die Brücke schlagen zwischen den dortigen kulturellen und medialen Knotenpunkten.

Für technisch Interessierte: Die Konstruktion basiert auf einem Rahmen mit einer integrierten Lamellenstruktur. Dort sind im Abstand von sechs beziehungsweise sieben Zentimetern jeweils fünf Dioden eingesetzt, die gemeinsam ein Pixel ergeben. Insgesamt 132.480 Leuchtdioden ergeben so eine Auflösung von etwa 44.160 Pixeln. Der Clou ist dabei die teilweise Transparenz, die gemeinsam mit der dahinter liegenden Glasfassade einen teilweise mit den Inhalten überlagerten Einblick in das Treiben im Gebäude ermöglicht und für die Mitarbeiter zudem viel Tageslicht durchlässt. Als von Beginn an integrierter Bestandteil der Gebäudekonstruktion ist sie laut PSD damit europaweit einzigartig.

Das Programm umfasst im täglichen Wechsel ab 7 Uhr morgens bis in die Nacht hinein saisonale Filme und Fotos, zudem Animationen wie einen Slow-Motion-Wasserfall am Mittag oder den Mond in den Abendstunden. Zudem gibt es Beiträge aus Wissenschaft (LWL-Planetarium) und Sport (Preußen Münster) und immer wieder auch Gastbeiträge.

Adresse Hafenplatz 2, 48155 Münster-Hafen | ÖPNV zu Fuß vom Bahnhof aus zu erreichen | Tipp Der leckere Popcornduft kommt vom Cineplex gegenüber.

78 Purer Rock im Jib

Das Gleis 22

Im Gleis 22 zuckt man längst nicht mehr, wenn mal wieder eine Auszeichnung ins Haus schneit. Als man etwa 2012 und zuletzt 2016 von den Lesern des leider eingestellten Musikmagazins »intro« erneut zum »besten Club Deutschlands« gewählt wurde – vor so illustrer Konkurrenz wie dem »Molotow« in Hamburg und dem schon legendären »Berghain« in Berlin, zeigte man sich bescheiden aber auch etwas stolz, da so Anna Pohl, Leiterin des Amtes für Kinder, Jugendliche und Familien der Stadt, »sich das Gleis 22 als Teil der Jugendhilfe immerhin mit kommerziellen Anbietern messen lassen muss«.

Und das mit beachtlichem Erfolg bei erstaunlicher Konstanz. Denn wer würde – bei allem Reichtum der münsterschen Clublandschaft – ausgerechnet im nur einen Steinwurf vom Bahnhof entfernten »Jib«, dem Jugendinformations- und Bildungszentrum, eine solche Perle erwarten? Seit nunmehr 1974 sieht man sich unter anderem als »das Zuhause einer Vielzahl verschiedener Kulturinitiativen«. Hier finden Partys, Workshops, Lesungen, Weiterbildungen und vieles mehr statt. Berühmt geworden ist das »Gleis«, wie es von den Fans meist nur genannt wird, allerdings für die seit 1987 dort stattfindenden, mittlerweile zigtausende Konzerte. Den Grundton bestimmen dabei Gitarren, vor allem Indierock, Punk & Co., regelmäßig finden aber auch Ausflüge in andere Genres statt. Unzählige junge Bands aus Münster und Umgebung machten hier ihre ersten musikalischen Schritte vor mal mehr, mal weniger, immer maximal 300 Besuchern. Darunter viele Geheimtipps, aber auch solche, die später zu nationaler wie internationaler Bekanntheit gelangen sollten, etwa Kraftklub, Deichkind, Tocotronic, Blumfeld, Kettcar, The Hives, Jimmy Eat World und viele mehr. Nicht wenige kommen – in Würde mitgealtert – heute noch gerne zurück. Denn auf der kleinen Gleisbühne lässt sich auch nach über 30 Jahren noch immer rocken.

Adresse Hafenstraße 34, 48153 Münster | **ÖPNV** zu Fuß vom Bahnhof aus zu erreichen | **Öffnungszeiten** bei Konzerten meist ab 19.30 Uhr | **Tipp** Im »Jib« gibt es auch eine Fahrrad- und eine Holzwerkstatt.

79_Die Rieselfelder

Mehr als nur schön

Die Rieselfelder sind ein beliebtes Ausflugsziel. Mit der Leeze bequem stadtauswärts über Kinderhaus und Coerde zu erreichen, bieten sie reichlich Flora und Fauna zu bestaunen. Vor allem zahlreiche – teils seltene – Vogelarten lassen sich im ausgewiesenen Naturschutzgebiet mit etwas Glück aus nächster Nähe seit mehr als 50 Jahren bei ihrem natürlichen Treiben beobachten.

Doch was bedeutet der Name Rieselfelder? Die Antwort ist so einfach wie überraschend: Zu Beginn des vergangenen Jahrhunderts war die Abwassersituation der Stadt ein Problem und die gefundene Lösung pragmatisch. Das außerhalb der damaligen Stadtgrenzen gelegene Gebiet nördlich der Bauernschaft Coerde wurde ausgewählt, um dort die Abwässer der Stadt auf 640 Hektar großflächig zu »verrieseln« und dadurch auf natürlichem Weg zu klären. Bis in die 1960er Jahre wurde so verfahren, bis das Gebiet aufgrund des Wachstums der Stadt an die Grenzen seiner Aufnahmefähigkeit gelangte und der Bau einer modernen Kläranlage unausweichlich wurde. Doch was tun mit dem riesigen, nun frei gewordenen Gelände? Der ursprüngliche, nicht unegoistische Plan der Stadt bestand in der Erschließung des Areals für den Bau eines großen Industriegebiets oder gar – aus heutiger Sicht kaum vorstellbar – eines Atomkraftwerks. Doch wie so oft, wenn der Mensch zögert, findet die Natur ihren eigenen Weg: Zwischenzeitlich hatten sich auf dem von vielen Wasserflächen durchzogenen Gebiet zahlreiche Vogelarten eingefunden, die sich dort auch ausgesprochen wohlzufühlen schienen. Und so die Naturschützer auf den Plan riefen. Den Anfang machte der Ökologe Dr. Michael Harengerd mit der Gründung einer Biologischen Station. Zunächst im Bauwagen, heute mit Seminarangeboten und umfangreichen Ausstellungen. 1997 schließlich wurden die Rieselfelder auch offiziell als Feuchtgebiet anerkannt und erfreuen seither über 80.000 Besucher im Jahr.

Adresse Coermühle 181, 48157 Münster-Gelmer | **ÖPNV** Stadtbus 4, Haltestelle Rieselfelder | **Anfahrt** mit dem Fahrrad am Kanal entlang Richtung Norden | **Tipp** Nehmen Sie ein Fernglas mit und besuchen Sie die Ausstellungsräume an der Biologischen Station und am Rieselfeldhof.

80 Die Schleuse

Starke Zwillinge

Vielleicht geht es Ihnen genauso: Beim sonntäglichen Spaziergang an Münsters Abschnitt des Dortmund-Ems-Kanals nimmt man sich immer wieder vor, heute doch wirklich mal bis ganz zur Schleuse zu gehen, um sie zu erkunden. Ihre Lichter und Verkehrszeichen sieht man ja schon von weither.

Der Weg dorthin zieht sich allerdings, und so verschiebt man das Vorhaben dann doch ein ums andere Mal und kehrt frühzeitig um. Doch es lohnt sich durchaus, den Weg einmal bis zum Ende zu gehen. Denn zum einen wird es immer ruhiger, je weiter man sich vom Treiben an den städtischen Kanalwiesen entfernt, zum anderen bietet die Schleuse mit ihren tonnenschweren Stahltoren gerade aus der Nähe betrachtet einen durchaus beeindruckenden Anblick. Vor allem, wenn man das Glück hat, sie direkt vor Ort in Aktion zu erleben. Ganze 8.000 Kubikmeter Wasser werden dabei im sogenannten Zwillingsbetrieb der beiden Schleusen jeweils gehoben und gesenkt, indem die Wassermassen von der einen auf die andere Seite gepumpt werden. Über eine Höhe von gut sechs Metern und einen Zeitraum von 25 Minuten können dabei bis zu vier Schiffe gleichzeitig auf Berg- beziehungsweise Talfahrt gehen, und so ist stets ein flüssiges Durchkommen durch die Wasserstraße gewährleistet.

Ursprünglich wurde die Schleuse, am Dortmund-Ems-Kanal bei Kilometer 71,5 gelegen, bereits in den 1890er Jahren errichtet. Und mehrmals, zuletzt 2004 bis 2014, umgebaut, Kostenpunkt 140 Millionen Euro, was durch die immer größer werdende Bedeutung des Kanals als direktem Wasserweg zwischen Rhein und der Hauptstadt notwendig geworden war.

Ein Besuch der Schleuse lohnt sich jedoch nicht nur wegen des schäumenden Spektakels, das man aus nächster Nähe miterleben kann, zusätzlich informiert eine kostenlose Ausstellung im kleinen Museum vor Ort über weitere Hintergründe zu Geschichte und Funktionsweise der Kanalstufe Münster.

Adresse Schifffahrter Damm 192, 48145 Münster-Mauritz | ÖPNV Stadtbus 4, Haltestelle Schleuse | Anfahrt mit dem Fahrrad am Kanal entlang Richtung Norden | Tipp In der Nähe befindet sich das Tierheim Münster.

81 Das Sendschwert

Einst drohte der Henker

»Wieso hängt denn da auf einmal ein Schwert?«, hört man auf Münsters Prinzipalmarkt im Frühling, Sommer und Herbst häufiger.

Bei der an einem stilisierten Arm angebrachten Waffe handelt es sich um das Sendschwert. Es wird traditionell – und in Münster bedeutet traditionell schon mal seit 1578 – immer dann an der Nordostseite des Rathauses angebracht, wenn in der Stadt der »Send« stattfindet. Der Send wiederum ist heute eine klassische Kirmes, die dreimal im Jahr auf dem Schlossplatz abgehalten wird. Er geht aber auf die bereits im 9. Jahrhundert regelmäßigen Synoden der Kirchenvertreter zurück, an die sich später, wohl ab dem 11. Jahrhundert, auch ein Markt anschloss. Das Besondere an dem Markt war, dass währenddessen ein spezieller Marktfriede galt, der noch einmal deutlich strikter war als der ohnehin geltende Stadtfriede: Jegliches Blutvergießen wurde als Bruch gewertet und mit dem Tode bestraft. Mit der Zeit gingen dann immer mehr Handelsrechte von der Kirche auf die Stadt über, und die nahm dies im Jahr 1578 erstmals zum Anlass, ihre Gerichtsbarkeit über den Send mit ebendiesem Schwert am Rathaus zu kennzeichnen.

Bei dem heute angebrachten Schwert, das außerhalb der Sendzeiten in der Bürgerhalle des Rathauses ausgestellt wird, handelt es sich allerdings nicht um das Original. Denn in der Nacht auf den 24. Oktober 2000 war es unter bis heute ungeklärten Umständen abhandengekommen. Geschichten kursieren, es handle sich um einen »Streich« von Anhängern eines verfeindeten Fußballclubs – dies wiederum wird vehement verneint.

So oder so veranlasste Münsters damaliger Oberbürgermeister Dr. Berthold Tillmann, dass eine Kopie der Waffe angefertigt wurde, die schon zum Frühjahrssend wieder am Rathaus angebracht werden konnte. Vom Original fehlt jede Spur; um seinen Kopf muss der Täter heute aber nicht mehr fürchten: Die Tat ist verjährt …

Adresse Prinzipalmarkt 10, 48143 Münster | ÖPNV Stadtbus 2, 4, 11, 14, Haltestelle Klemensstraße | Tipp Der Send selbst findet nicht hier, sondern auf dem Schlossplatz statt.

82 Der Skaters Palace

Wandelbar

Skateboarding ist nicht nur, aber in ganz besonderem Maße in Münster mit dem Namen »Titus« verbunden. Schon 1978 lernte der spätere »Skateboard-Papst« die neue Trend-Sportart kennen und brachte das von ihm in seiner Autobiografie später als »Brett für die Welt« bezeichnete Sportgerät aus dem fernen Kalifornien ins westfälische Münster. Zunächst mit der Eröffnung eines kleinen Shops, »Titus Rollsport«, gefolgt von der Einführung eines ersten Versandhandels, bis hin zur Entwicklung erster eigener Boards. Ein weiterer Meilenstein war die Eröffnung des ersten deutschen Outdoor-Skateparks im Berg Fidel. Der Skateboard-Boom hielt zur Überraschung aller auch in den kommenden Jahren noch weiter an, und so war der Wunsch nach einer dauerhaft verfügbaren, wind- und wetterbeständigen Location nur folgerichtig und wurde konsequent umgesetzt: 1993 entstand in einer ausgedienten Fabrik der Skaters Palace – die erste Skatehalle Deutschlands. Er wurde später erweitert um die angrenzenden Bürogebäude und das Titus Outlet auf demselben Gelände, Herzstück war und ist jedoch der »Palace«.

Zweites Standbein des »Palace« – und auch dafür ist er weit über die Grenzen Münsters hinaus bekannt – waren stets die (auch gastronomischen) Veranstaltungen, vor allem natürlich die ungezählten Live-Konzerte, für die die Skatehalle stets schnell umgebaut werden kann. Ob für 300 oder 1.500 Zuschauer, die Halle ist in jeder Hinsicht flexibel und besticht durch ihren speziellen Charme irgendwo zwischen Jugendzentrum, Rockschuppen und Hip-Hop-Club. So gaben sich denn auch bereits etwa »Feine Sahne Fischfilet«, »Of Mice & Men« sowie Kool Savas die Klinke in die Hand, Chuck Ragan nahm 2014 dort sein Album »Live at Skaters Palace« auf.

Noch heute prangt über alldem das altbekannte Logo: »Titus – Home of Skateboarding«. Der Skaters Palace macht es möglich.

Adresse Dahlweg 126, 48153 Münster-Geist | ÖPNV Stadtbus 1, 5, 9, Haltestelle Königsweg | Öffnungszeiten auf www.skaters-palace.de, Tel. 0251/52000555 | Tipp Rund um den Palace finden sich viele, immer neue Graffitis.

83 sozialpalast und gazometer

Zukunft offen?

Die Zukunft des Gasometers ist seit Längerem viel diskutiertes Thema (siehe Ort 35). Selbst in die Hand genommen hatte diese Zukunft zwischenzeitlich das Kunst- & Kultur-Kollektiv gazometer des »sozialpalast e. V.« 2021, es hat das Gelände des Industriekulturdenkmals am Albersloher Weg neu belebt. So bestand dann auch ein offizieller Zwischennutzungsvertrag über die kompletten Örtlichkeiten inklusive Pumpenhaus, Stahlkessel und dem angrenzenden Waldstück. Vor Ort wurden Workshops, Konzerte, Kunstperformances, Kneipenabende, Nachbarschaftscafés und vieles mehr organisiert. Kern des Teams ist das sogenannte gazometer-Kollektiv, das sich um Organisation, Finanzen und Networking kümmert. Ergänzt wird das Kollektiv durch die Gazo-Crew, eine offene Gruppe, die unverbindlich mitgestalten möchte und zu der auch Sie gehören können. Weiterhin kommen Außenstehende hinzu, die den Raum für ihre Projekte nutzen wollen.

Zwischenzeitlich stand das Projekt in der Schwebe, die Vision, den denkmalgeschützten, langfristig als Begegnungsort für Kunst, Kultur, Soziales, politische Bildung und Teilhabe nichtkommerziell und selbstverwaltet zu sichern in Gefahr. Mit der Stadt, die eine städtebauliche Nutzung des Geländes und des Gasometers anstrebt, konnte dann eine Zwischenlösung zur weiteren Nutzung vereinbart werden, die Wiedereröffnung erfolgte Ende April 2023. Vom Sozialpalast angestrebt wird weiterhin, »ein alternatives, tragfähiges Konzept für die zukünftige Nutzung des Gasometers zu entwickeln«, so Kathrin Xiao vom Verein. Ziel ist es, neben der geplanten kommerziellen auch weiterhin eine kulturelle Nutzung auf dem Gasometer-Gelände zu ermöglichen.

Das gazometer des sozialpalast soll in jedem Fall ein offenes, soziales Zentrum für Kunst, Kultur und feministisch-emanzipatorische Politik – von unten – bleiben. Ob dies am Gasometer der Fall sein kann, ist: offen.

Adresse Boelckeweg 3, 48155 Münster | ÖPNV Stadtbus 6, 8, Haltestelle Nieberdingstraße | Öffnungszeiten wechselnde Veranstaltungen, www.gazometer.space/veranstaltungskalender | Tipp Gegenüber findet sich die Jovel Music Hall von Udo-Lindenberg-Bassist und Münster-Original Steffi Stephan.

84_Der Speakers' Corner

Wir müssen reden …

Berühmt geworden ist die Idee des Speakers' Corner (zu Deutsch etwa »Ecke der Redner«) im Londoner Hyde Park. Dort kann seit sage und schreibe 1872 am nordöstlichen Ende jeder, der sich dazu beflissen fühlt, einen Vortrag zu einem Thema seiner Wahl halten.

Die Meinungsfreiheit ist auch hierzulande ein hohes Gut, und so hat die Stadt Münster im Jahr 2013 einen eigenen Speakers' Corner eingerichtet: in der Windthorststraße, gegenüber dem Museum für Lackkunst (siehe Ort 60) neben der Promenade. Auch hier kann jeder, der etwas mitzuteilen oder zu diskutieren hat, dies tun.

Im Gegenteil zu London gibt es hierzustadt – wie könnte es anders sein – jedoch einige Regeln zu beachten. Zunächst einmal darf der Bereich nur werktags zwischen 9 und 22 Uhr »besprochen« werden. Ein wie auch immer gearteter Vortrag muss zudem vorab beim städtischen Ordnungsamt unter Angabe von Name, Datum und Thema angemeldet werden. Die Nutzung des Bereichs ist dabei kostenlos, Gleiches hat allerdings auch für den Vortrag zu gelten. Untersagt ist zudem der Einsatz von technischem Equipment wie Lautsprechern, Megafonen, Heizpilzen et cetera, zudem darf keine Dekoration in Form von Spruchbändern oder Ähnlichem angebracht werden. Generell ist die Umgestaltung der Fläche (etwa durch Graffitis) untersagt. Unerwünscht ist zudem das Angebot jedweder Form von Verpflegung. Naturgemäß gewünscht hingegen ist ein respektvolles Miteinander, wozu gehört, dass Bürger und Gäste in den angrenzenden Naherholungsbereichen nicht gestört, der Gehweg stets passierbar und der Straßenverkehr unbehindert bleibt. Zudem weist die Stadt darauf hin, dass darüber hinaus sämtliche gesetzlichen Vorschriften selbstverständlich auch hier gelten und allen Anweisungen der Ordnungskräfte Folge zu leisten ist.

Uff! Schönes Konzept, enges Korsett. Deswegen ergreift dort, bisher, bedauerlicherweise auch nur selten jemand das Wort.

Adresse Windthorststraße 26, 48143 Münster | **ÖPNV** zu Fuß vom Bahnhof aus zu erreichen | **Öffnungszeiten** Mo–Fr 9–22 Uhr, eigene Beiträge können nur nach Anmeldung unter Tel. 0251/4921111 geleistet werden | **Tipp** In der Nähe befindet sich der Einkaufskomplex Stubengasse/Hanse Carré, der den Städtebau-Preis 2010 gewinnen konnte.

85 Die Speckbrett-Plätze

Voll auf die Zwölf

Dass Münsteraner so manches gern ein klein wenig anders machen als alle anderen, ist bekannt. Das gilt auch für das Tennisspiel – hierzustadt gibt es eine ganz eigene Variante, genannt Speckbrett, die jenseits der Stadtgrenzen so gut wie unbekannt ist.

Auf den ersten Blick mutet ein Speckbrett-Match an wie ein klassisches Tennisspiel auf einem etwas kleineren Platz und in leichter Zeitlupe. Auf den zweiten Blick erkennt man dann, woher der Name stammt: Gespielt wird nicht mit Tennisschlägern, sondern mit Holzschlägern in der Form eines Küchenbretts mit Griff. Und ursprünglich waren es tatsächlich ebensolche.

Die Geschichte geht so: Im Jahr 1929 sollen gut ein Dutzend Jugendliche der »Schwimmvereinigung Münster von 1891« zu einer Freizeit an den Titisee aufgebrochen sein. Dort war unter den Einheimischen gerade Tischtennis schwer angesagt, und für sommerliche Tage ersann man eine einfache Outdoor-Variante mit einem ollen Tennisnetz und einem abgewetzten Ball. Da richtige Tennisschläger viel zu kostspielig waren, stibitzten sich die Teenager stattdessen einfach Mutters Küchenbretter und legten los. Die Münsteraner waren begeistert und nahmen den neu entdeckten Sport direkt mit nach Hause. Schon 1930 entstand auf dem Vereinsgebiet in Sudmühle die erste Anlage, das Speckbrett-Fieber verbreitete sich schnell über das gesamte Stadtgebiet – erste Meisterschaften inklusive. Den vorläufigen Höhepunkt seiner Popularität erreichte Speckbrett in den 1970er Jahren, als immer mehr Vereine sich der Sportart annahmen. Heute erlebt Speckbrett einen neuerlichen Boom in Münster, wie Christian Bullers von der Bunten Speckbrett-Liga gegenüber »Ultimo« erwähnt: »Der Boom ist schon vier, fünf Jahre da. Speckbrett ist einfach schön niederschwellig. Es gibt offene Plätze und kostenlose Leihschläger.« Die Plätze im Südpark gehören zu den beliebtesten, es gibt jedoch auch zahlreiche andere in der Stadt.

Adresse Sportpark Sentruper Höhe, 48149 Münster-Sentrup | ÖPNV Stadtbus 10, 14, Haltestelle Huberstraße | Öffnungszeiten frei zugänglich | Tipp Nutzen Sie zum Aufwärmen auch den Trimm-dich-Pfad.

86 Die Speicherstadt

Großbäckerei

Wer in Coerde unterwegs ist und etwas Zeit erübrigen kann, sollte unbedingt einmal einen Abstecher zu der Adresse »An den Speichern« einlegen. Dort finden sich auf circa 50.000 Quadratmetern verteilt insgesamt neun große weiße, ehemalige Speicher (sowie einige zusätzliche Gebäude). Und diese geben in ihrer Gesamtheit als »Speicherstadt« ein recht imposantes Bild ab.

Die Geschichte der münsterschen Speicherstadt war in den ersten Jahrzehnten seit dem Baubeginn 1936 und der abschließenden Fertigstellung 1939 – die Jahreszahlen lassen es erahnen – vor allem militärisch geprägt. Mehr als das, sieht man sich dort gar als »anschauliches Zeugnis für die Kriegsvorbereitung der Nationalsozialisten«. Ziel beim Bau der Speicherstadt war ein großes und günstig gelegenes Heeresverpflegungsamt, die Voraussetzungen in Coerde dafür ideal: eine direkte Bahnanbindung, viele Kasernen in der unmittelbaren Umgebung – und vor allem jede Menge Platz für die Heeresbäckerei (bis zu 22.000 Brote am Tag!) und eben die neun großen Getreidespeicher.

Nach dem Krieg wurde das Gelände von den Briten für die kommenden Jahrzehnte als Versorgungs- und Militärpolizeistützpunkt genutzt. Angeblich hatte man es daher bereits während der Bombardierungen Münsters bewusst verschont. Nach dem Auszug der Briten 1994 stand es zunächst vier Jahre leer. Erst 1998 begann nach und nach die Umnutzung, und der ehemals bedrohliche Militärgebäudekomplex entwickelte sich unter Einsatz »erheblicher planerischer, finanzieller und vermarktungstechnischer« Mittel in die moderne, offene und freundliche Speicherstadt, die sie nunmehr ist.

Heute beherbergt sie zahlreiche Unternehmen, Verlage, Verbände, Zentren, Archive et cetera. Und, Ironie der Geschichte, tatsächlich auch einen Catering-Service – der bei einer Bestellung von 22.000 Broten allerdings abwinken dürfte.

Adresse An den Speichern 6, 48157 Münster-Coerde | ÖPNV Stadtbus 6, 8, Haltestelle Coerde | Öffnungszeiten frei zugänglich | Tipp Im Außenbereich finden sich zahlreiche Sitzgelegenheiten sowie alte Bunker und ehemalige Rangiergleise.

87__Die Stadthauskantine

With a view

Die Kantine des Stadthauses I mitten im Zentrum war schon immer einer der spektakulärsten Orte Münsters. Und wohl einer der am stiefmütterlich behandeltsten. Denn in den Genuss des grandiosen Ausblicks aus dem 12. Stock des Stadthausturms kamen nur die Mitarbeiter. Dies sollte sich im Rahmen der umfassenden Sanierung des Gebäudes ändern, ein offenes Café-Restaurant, weiterhin nutzbar für die Mitarbeiter, aber eben auch für alle anderen sollte es sein, damit der spektakuläre (und seltene) 360-Grad-Ausblick über Münster nicht länger versteckt bleibe.

Zugegeben, das mit dem Nicht-länger-versteckt-Bleiben hat nicht zu 100 Prozent geklappt: Man muss schon ein wenig suchen. Über die Heinrich-Brüning-Straße 5 (gegenüber Karstadt) gelangt man ins Gebäude, der Fahrstuhl will auch erst mal gefunden werden, und die Fahrt in die 12. Etage kommt einem irgendwie komisch vor. Geht die Fahrstuhltür auf, ist das Konzept allerdings sehr schnell klar: Wow! Das Ganze wirkt, als würde man in einer Art Münster-Schneekugel stehen, und für viele dürfte es der erste Blick dieser Art auf und über die Stadt sein. Dom. Lambertikirche. Schloss. Fernsehturm. zeb Tower. Wasserturm. Auf einmal ergibt das alles einen Sinn – das Münster-Puzzle fügt sich zusammen. Der Weg hier rauf ist, das kann man wohl einfach mal so sagen, ein neuer und im wahrsten Sinne des Wortes weit oben stehender Punkt auf dem Münster-Pflichtprogramm.

Das Ganze ist tatsächlich auch ein ziemlich schickes Café-Restaurant. Betrieben wird das »1648« (so der Name nach dem Jahr des Westfälischen Friedens) als inklusive Einrichtung durch die Alexianer. Serviert wird zeitgemäß: regional und nachhaltig. Charmant auch die Idee, Torten und Kuchen nach Rezepten und von einer Original-Konditorin aus dem leider geschlossenen Traditionscafé Grotemeyer anzubieten … egal, lieber wieder weiter Münster gucken.

Adresse Heinrich-Brüning-Straße 5, 48143 Münster | ÖPNV Stadtbus 2, 4, 11, 14, Haltestelle Klemensstraße | Öffnungszeiten Mo–Sa 9–18 Uhr | Tipp Wer sich in so luftiger Höhe nicht so recht wohlfühlt, findet um die Ecke das »Klemens«.

88 Die Straßenbahn

Letzte ihrer Art

Lange ist es her, dass Straßenbahnen durch Münster rollten. Bei der heutigen Verkehrslage wünscht mancher sie sich sehnlichst zurück. Eine gibt es aber doch noch. Die Letzte ihrer Art fährt jedoch nicht mehr, sondern steht, liebevoll restauriert, im Stadthaus 3.

Die Zeit der Straßenbahnen in Münster datiert auf 1901 bis 1954 – viele der heutigen Bewohner haben also gar keine eigenen Erinnerungen mehr daran. Die damaligen Verkehrsplaner konnten die heutigen Zustände auf den Straßen naturgemäß nicht erahnen, also entschied man sich aus Kostengründen gegen die notwendig gewordene Sanierung des Schienennetzes und folglich für die Einstellung der elektrischen Verkehrsmittel. Eines der letzten Antriebsfahrzeuge in Münster war der Triebwagen Nummer 65. Nach dessen Ausmusterung in der Domstadt ging er, mit immerhin schon 27 Dienstjahren auf dem Buckel, nach Würzburg, bevor er auch dort, 1975, in Rente geschickt wurde. Danach folgte ein dem Vernehmen nach eher unrühmliches Rentendasein in Museen und Depots, bis Bahnenthusiasten ihn Anfang der 1990er Jahre in beklagenswertem Zustand wiederentdeckten und zurück in die Heimat nach Münster brachten. Und ihn, unterstützt durch die unnachgiebige Arbeit des »Vereins zur Rettung der letzten Straßenbahn in Münster e. V.«, in einem Jahre andauernden Prozess aufwendig restaurierten. Ihren würdigen Ehrenplatz fand Nummer 65 schließlich im Innenhof des Stadthauses 3 am Albersloher Weg – frisch gestrichen und in Szene gesetzt auf hiesigen Originalschienen aus der Zeit und zugänglich für jedermann während der Öffnungszeiten.

Dass in Münster heute – in Zeiten des Klimawandels – emsig an der Umstellung auf Elektrobusse gearbeitet wird, die sich dennoch Tag für Tag durch den zähen Verkehr wälzen müssen, statt wie einstmals über Schienen schnell an ihr Ziel zu gleiten, mag man unter Ironie der Geschichte verbuchen.

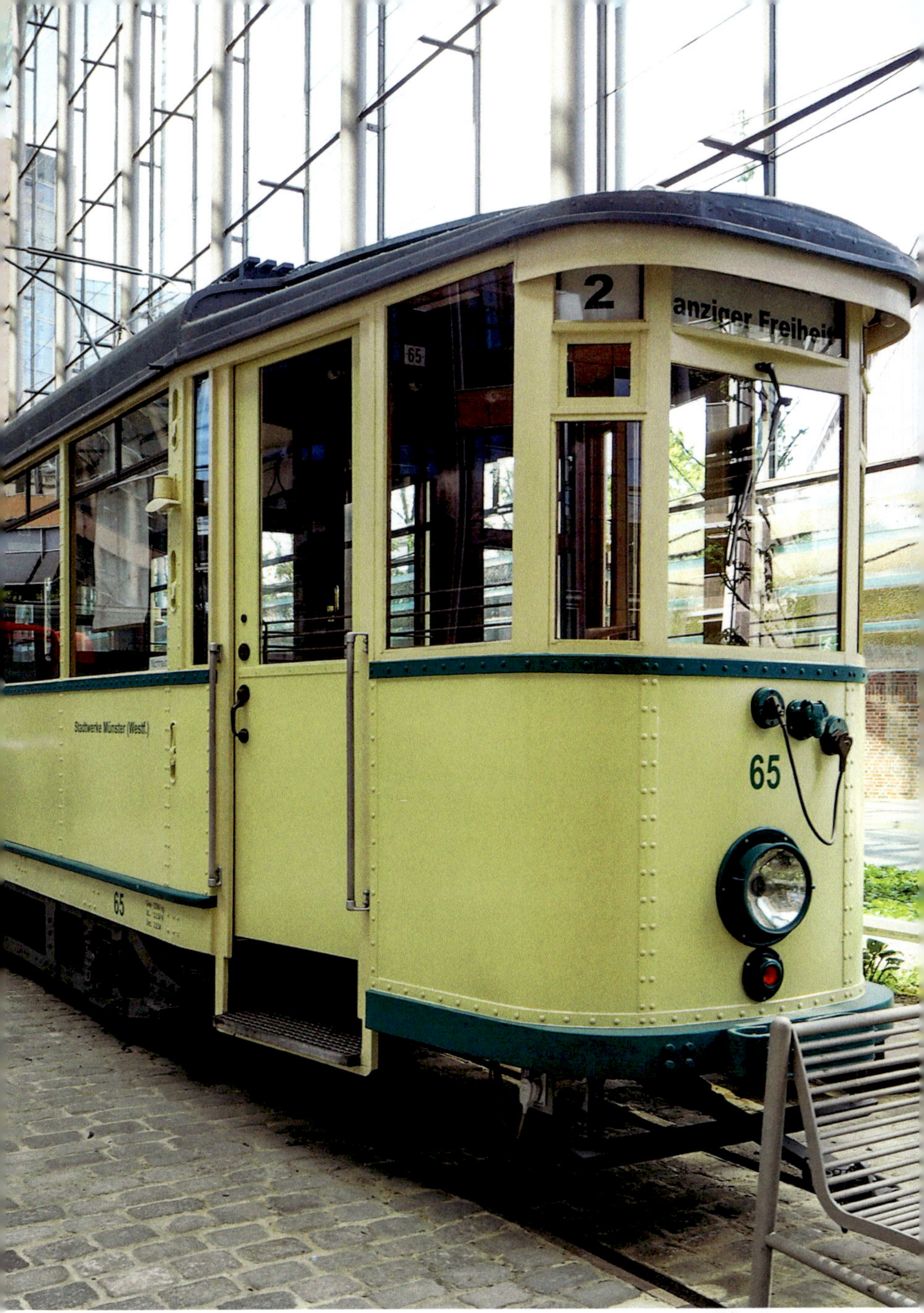

Adresse Albersloher Weg 33, 48155 Münster-Hafen | ÖPNV zu Fuß vom Bahnhof aus zu erreichen | Öffnungszeiten Mo–Mi 8–16 Uhr, Do 8–18 Uhr, Fr 8–13 Uhr | Tipp Die Glashalle im Stadthaus bietet als Ausstellungshalle »Raum für Ideen«.

89 Das Studienhospital

Alles nur gespielt!

Sie haben doch mit Sicherheit schon einmal ein Wehwehchen vorgetäuscht, oder? Im Studienhospital wird das von den »Patienten« sogar erwartet! Denn die sind gelernte Schauspieler, meist Absolventen des Theaterpädagogischen Zentrums, und spielen dort verschiedenste Erkrankungen vor. Inklusive Einlieferung unter realistischen Bedingungen im Rettungswagen, also quasi mit Notaufnahme-Action live vor der Tür. Sinn der Übung ist, dass Studierende der Medizinischen Fakultät so unter möglichst echten Bedingungen den realen Klinikalltag übungsweise kennenlernen können.

Das Ganze soll bewusst real wirken. Inklusive des obligatorischen Geruchs und diffusen Lichts, Desinfektionsmittelspendern sowie vielen Weißkitteln, die überall umherschwirren. Insgesamt sechs Zimmer gibt es, alle unterschiedlich eingerichtet; ebenfalls so, wie man es von einem normalen Krankenhaus erwarten würde, selbstverständlich auch mit Blumenstrauß und Zeitschriftenstapel. Der Unterschied: Wie im Kripo-Verhörraum gibt es im Zimmer einen verspiegelten Bereich, hinter dem die Kommilitoninnen und Kommilitonen sitzen und das Geschehen beobachten können. Zudem wird die simulierte Visite aus Patientenperspektive auf Video festgehalten, damit der angehende Arzt später auch seine eigene Wirkung reflektieren und aus Fehlern lernen kann.

Echte Sorgen um ihre Gesundheit müssen sich die Patienten des Studienhospitals übrigens zu keinem Zeitpunkt machen: Für Übungen, die reale Schmerzen bereiten könnten, also beispielsweise Katheter legen, Blut abnehmen, Knochenbrüche richten oder kleinere wie größere Operationen gibt es dort realistische Puppen, die sogar schreien und »sterben« können.

Einen Eindruck, wie es in einer echten Notaufnahme zugeht, kann man sich durchaus auch von außen machen, auf dem Vorhof herrscht – wie beschrieben – schon reichlich Betrieb. Nur dass zum Glück niemand zu Schaden kommt.

Adresse Malmedyweg 17–19, 48149 Münster-Sentrup | **ÖPNV** Stadtbus 14, Haltestelle Chirurgie | **Öffnungszeiten** von außen zu besichtigen, Tel. 0251/8353100 | **Tipp** Um die Ecke finden Sie eine Manufaktur für individuelle Muttermilchseife.

90_Die Täuferkörbe

Never mess with MS

Eine typische Szene auf dem Prinzipalmarkt sind Einheimische, die ihren Gästen den Blick hinauf zum Turm der Lambertikirche weisen. Dort hängen drei Käfige, die eine lange und gruselige Geschichte haben.

Nach der Überwindung des »Täuferreichs von Münster« in den 1530er Jahren wurden die verurteilten Anführer um Jan van Leiden öffentlich hingerichtet und ihre sterblichen Überreste in den Körben am Kirchturm aufgehängt. Als Warnung an alle, dass man es sich gut überlegen sollte, sich mit der Stadt Münster anzulegen. Seitdem hängen sie dort, mit einigen Unterbrechungen aufgrund von Bauarbeiten am Turm und zur Restaurierung der Körbe selbst. Im Zeiten Weltkrieg wurden zwei der Körbe zudem von einem Bombentreffer in den Abgrund gerissen, dabei schwer beschädigt, konnten jedoch erneut restauriert werden. Das Gerücht, die Käfige am Turm von St. Lamberti seien Nachbauten und im Stadtmuseum in der Salzstraße hingen die Originale, hält sich hartnäckig. Tatsächlich bestand Ende des 19. Jahrhunderts der Plan des Austausches, woraufhin Repliken gefertigt, aber nie gegen die Originale ausgetauscht wurden. Über einen Umweg – sie standen einige Zeit im Zoologischen Garten von Hermann Landois – gelangten die Nachbauten schließlich in den Besitz des Stadtmuseums, wo sie noch heute ausgestellt werden.

Im sogenannten »Täuferkabinett« des Museums wird zudem Weiteres rund um den Themenkomplex des »Täuferreichs von Münster« ausgestellt, immer mal wieder etwa die beiden von Heinrich Aldegrever 1536 gefertigten großformatigen Kupferstichporträts von Jan van Leiden und dessen Statthalter Bernhard Knipperdollinck sowie eine Federzeichnung mit dem Porträt van Leidens. Zwar sind die Körbe im Museum nicht »echt«, aus unmittelbarer Nähe betrachtet jedoch fast noch gruseliger als die Originale, deren Beschaffenheit man vom Prinzipalmarkt aus betrachtet nur erahnen kann.

Adresse Lambertikirchplatz 1, 48143 Münster; Stadtmuseum Münster: Salzstraße 28 | ÖPNV Stadtbus 2, 4, 11, 14, Haltestelle Klemensstraße | Öffnungszeiten von außen sichtbar; Museum: Di–Fr 10–18 Uhr, Sa–So 11–18 Uhr | Tipp Ganz in der Nähe findet sich einer der berühmtesten Arbeitsplätze der Stadt – die Türmerstube von Martje Thalmann.

91 Das Theater

Aus Alt mach Neu

Theater haben in Münster Tradition, wenn auch eine wechselvolle. Ihre Geschichte reicht bis ins 18. Jahrhundert zurück, als auf Bestreben von Franz Freiherr von Fürstenberg im Jahr 1774 am Roggenmarkt das sogenannte »Komödienhaus« errichtet wurde, das erste Theater der Stadt.

Nach dessen Abriss 1890 entstand im ehemaligen Adelshof der Familie Romberg an der Neubrückenstraße das Lortzing-Theater, das seinerseits den Zerstörungen des Zweiten Weltkriegs zum Opfer fallen sollte. Fünf Jahre nach dessen Ende stimmte die Stadt dem Wiederaufbau zu, der sich jedoch auf Grund des immensen stadtweiten Kostenaufwands für Dom, Schloss, Rathaus und Co. immer wieder und insgesamt vier Jahre lang verzögerte. Das heutige Stadttheater an gleicher Stelle beruht auf den Ideen und Plänen der Architekten Harald Deilmann, Max von Hausen, Ortwin Rave und Werner Ruhnau. Sie sahen einen modernen Neubau vor, der jedoch auch die Ruinen des Romberger Hofes aufnehmen und einen Innenhof mit Theatercafé integrieren sollte und weltweit als »Donnerschlag in der Theaterarchitektur« gefeiert wurde. 1971 wurde das »Große Haus« um das »Kleine Haus« (circa 280 weitere Plätze) ergänzt.

Bis zu 30 Premieren bei 600 Aufführungen pro Saison stehen heute auf dem Spielplan des Theaters Münster. Das Repertoire umfasst dabei das ganze Spektrum der Theaterkunst, von Tanz über junges Theater hin zu Schauspiel, Musiktheater, Dramatik, Lesungen, Konzerte von Klassik über Singer/Songwriter zu modernen Bands, Karaoke, Science Slams, Impro-Debatten und vieles mehr, ergänzt durch die Produktionen der Niederdeutschen Bühne sowie zahlreiche Gastspiele. So findet beispielsweise alle zwei Jahre das Internationale Jazzfestival ebenfalls dort statt. Für einige der Veranstaltungen gilt dabei sogar: Eintritt frei! Mehr und mehr Beiträge werden zudem zusätzlich in Gebärdensprache angeboten.

Adresse Neubrückenstraße 63, 48143 Münster | ÖPNV Stadtbus 1, 6, 8, 15, Haltestelle Altstadt/Bült | Öffnungszeiten je nach Vorstellungen, www.theater-muenster.com | Tipp Zum Theater gehört auch der Theatertreff, den man mieten kann.

92 Die Torminbrücke

Oben und unten toll

Wenn Sie mit dem Rad über die Torminbrücke in Richtung Sentruper Höhe fahren, sollten Sie etwa in der Mitte einmal anhalten. Denn von dort aus bietet sich einer von Münsters schönsten Postkartenblicken.

Über den halben Aasee erstreckt er sich, inklusive der üppigen Bewaldung. Am Ufer zeichnen sich die Aaseeterrassen und die Bootsanlegestelle ab. Durch die Bäume ragen die Türme von Überwasserkirche und Dom. An schönen Tagen gleiten lautlos zahlreiche Segelboote dahin (die Brücke ist extra so konstruiert, dass diese problemlos drunter durchkommen). Und mit Glück auch die »Solaaris«, eine mit Sonnenenergie betriebene Fähre zum Zoo (kann man auch mieten).

Und wenn Sie schon mal hier sind, lohnt an dieser Stelle der Weg treppab. Denn auch der Blick unterhalb der vierspurigen, zweigeteilten Brücke mit Rad- und Gehwegen auf beiden Seiten ist spektakulär: Beide Uferpromenaden führen hier hindurch, und die Brücke spiegelt sich kunstvoll im Wasser dazwischen. Sollte es gerade Sonntagnachmittag sein, gibt es zudem musikalische Untermalung. Es handelt sich bei den Klängen um ein »Überbleibsel« (Fachjargon: Permanente Installation) der Skulptur-Projekte 2007 mit dem Namen »The Lost Reflection«. Seither erklingt unter der Brücke Woche für Woche die Barcarole aus Jacques Offenbachs Operette »Hoffmanns Erzählungen«, die Künstlerin Susan Philipsz singt selbst. Das musikalische Motiv wird zunächst auf der einen, dann auf der anderen Uferseite abgespielt, bevor es zweistimmig erklingt. Kunstkenner sehen darin dann »die im Nichts endende Suche nach einem Gegenüber«, ich finde es einfach nur schön.

Die heutige Torminbrücke ist übrigens schon die zweite ihrer Art: 1987 erfolgte aus verkehrssicherheitstechnischen Gründen ein Neubau, da sich der Zustand der alten Konstruktion stetig verschlechterte. Die jetzige Brücke ist an ihre Vorgängerin allerdings architektonisch angelehnt.

Adresse Kardinal-von-Galen-Ring, 48149 Münster | ÖPNV Stadtbus 2, Haltestelle Franz-Hitze-Haus | Tipp Am Ausfluss der Aa aus dem Aasee gibt es eine zweite, die sogenannte Goldene Brücke, die ebenfalls eine schöne Aussicht bietet.

93 Das Train-Denkmal

Ehre, wem Ehre gebührt?

Das Train-Denkmal an der Nordwestseite der Promenade auf Höhe des Ludgeriplatzes darf als äußerst umstritten bezeichnet werden. Vom Architekten A. Buchs als etwa sechs Meter hohes, steinernes Gebilde entworfen und vom Bildhauer Franz Rüther entsprechend gestaltet, steht es seit nunmehr rund 100 Jahren an seinem Platz; die Einweihung fand 1925 statt, auf Bestreben des »Traditionsverein Königlich Westfälische Train-Abteilung Nr. 7«.

Ursprünglich gedacht werden sollte mit dem Denkmal der im Ersten Weltkrieg gefallenen 855 Soldaten ebenjener entsprechenden Train-Abteilung, einer militärischen Versorgungseinheit. Zum Denkmal gehören allerdings auch zwei Bronzeplatten, die an Soldaten erinnern, die Anfang des Jahrhunderts in China und in Deutsch-Südwestafrika bei der blutigen Bekämpfung von Aufständen gegen die Kolonialmacht ums Leben kamen. Nicht zuletzt durch diese Widmungen rückte das Denkmal in seiner Wahrnehmung schon früh weg von seiner gedachten Funktion in das aus heutiger Sicht mehr als unrühmliche Licht des Kolonialismus.

In den 1980er Jahren entbrannte dann der öffentliche Diskurs erstmals laut: Im Dezember 1982 verhüllte ein »Arbeitskreis Afrika« das Denkmal mit der Aufschrift »Schandmal«, zwei Jahre später überreichte man eine Mahntafel als »Beitrag zur ehrlichen Geschichtsbewältigung«. In der Nacht auf Montag, den 13. Juli 2020 geriet das Denkmal zuletzt erneut in den Fokus. Im Zuge der internationalen »Black Lifes Matter«-Proteste wurde es von Mitgliedern der Initiative »Mahnmal statt Denkmal« unkenntlich gemacht. Angeprangert werden solle die »Romantisierung von Kriegsverbrechen«.

Im Laufe der Jahrzehnte wurde immer wieder eine Verhüllung oder gar Entfernung gefordert.

Einerseits verständlich. Andererseits bietet es jedoch seit Jahrzehnten auch reichlich Projektionsfläche für einen mehr denn je notwendigen Diskurs.

Adresse Am Kanonengraben 17, 48151 Münster | **ÖPNV** Stadtbus 9, 7, 15, Haltestelle Ludgeriplatz | **Anfahrt** zu Fuß oder mit dem Rad via Promenade | **Tipp** Im Bereich des Denkmals gibt es inzwischen eine Info-Stele, die über deutsche Verantwortung für koloniales Unrecht informiert.

94_Der Tretbootanleger

See(h)nsucht

Vor über 70 Jahren wurde der Grundstein für eine der ältesten noch bestehenden Segelschulen Deutschlands und den dazugehörigen Bootsverleih Overschmidt gelegt. Seitdem hat sich viel getan. Bot man den Gästen früher noch selbst gebaute Holzboote an, ist die Flotte heute zeitgemäß. 40 Tret-, Paddel-, Ruderboote stehen zur Verfügung, darunter ein ganz besonderes: der Tretboot-Schwan.

Es dürfte im Sommer 2006 in Deutschland und weit darüber hinaus das bekannteste Boot der Welt und vermutlich eines der international meistfotografierten Motive gewesen sein. Das lag allerdings nicht an dem Boot selbst, sondern an dessen seinerzeit treuester Begleiterin – und die Geschichte war auch wirklich zu schön. Ein schwarzer Trauerschwan, fälschlicherweise erst Peter getauft, nach einer DNA-Analyse jedoch als Weibchen bestimmt und fortan als Petra weltbekannt, hatte sich dem überlebensgroßen Tretboot-Schwan angenähert und wich ihm fortan nicht mehr von der Seite, begleitete gar die Mietfahrten.

Und weil nur Münster verschroben genug für solche Aktionen ist (oder Münster Marketing so gut), wurden Petra und ihr Boot für den Winter wegen drohendem Frost sogar umständlich in den Allwetterzoo umgesiedelt. Wo sie alle Avancen der dort lebenden echten Schwäne konsequent abblitzen ließ, sich im Jahr darauf jedoch tatsächlich für eine kurze Affäre auf einen gewissen Paul einließ. Das führte allerdings wohl auch zu nichts, denn obwohl ihr für den kommenden Winter eigens eine Hütte am See errichtet worden war, ließ sie sich ab 2009 nicht mehr in Münster blicken (armes Münster Marketing). Sie wurde stattdessen, arg gebeutelt und unterernährt, im nahegelegenen Glandorf aufgefunden und in eine Storchen-Betreuungsstation in – ausgerechnet auch noch – Osnabrück gebracht.

Der Tretboot-Schwan, an dem der ganze Trubel einfach vorbeigegangen sein dürfte, liegt immer noch auf dem Aasee.

Adresse Annette-Allee 1, 48149 Münster | ÖPNV Stadtbus 2, 4, 10, Haltestelle Bismarckallee | Tipp Das Restaurant A2 verfügt unter anderem über eine Terrasse direkt am Anleger sowie über eine Skybar.

95 Der Tunnel zum Schloss

Nächste Haltestelle ...

Er ist zugegebenermaßen wenig einladend – der Fußgängertunnel, der den größten Hörsaal der Stadt H1 mit dem gegenüberliegenden Schlossplatz verbindet. Und eigentlich auch ziemlich überflüssig. Sowohl im Uni-Alltag als auch während des Send oder anderer Großveranstaltungen queren die meisten Studierenden und Besucher die vielbefahrene Straße Schlossplatz mit dem zu jeder Tages- und Nachtzeit imposanten Blick auf das zwischen 1767 und 1787 erbaute Fürstbischöfliche Schloss via Ampel.

Aber der Tunnel hat seine Einsätze, etwa immer am 3. Oktober, wenn ganz Münster für einen Tag lang im Zeichen des Radsports steht und die breite Straße rund um die Uhr abgesperrt ist. Erst für die Tausenden von Jedermännern und -frauen, die über den Tag verteilt mal mehr, mal weniger erschöpft eintrudeln. Später für die Profis, die dort ihren imposanten Schlusssprint absolvieren. Bei dem Tempo sollte man wirklich nicht in die Quere kommen und geht besser »drunter her«, will man zur Messe oder zur Siegerehrung auf dem großen Platz. Einen besonderen Auftritt hatte der Tunnel im Jahr 2015, als das münstersche Künstlerkollektiv »sozialpalast« ihn im Rahmen eines Kunstprojekts kurzerhand in einen U-Bahn-Schacht umfunktioniert hat. Na ja, »funktioniert« hat er mangels echtem Metro-Anschluss natürlich nicht, aber die Illusion war täuschend echt: An den Treppenabgängen prangte das aus anderen Städten bekannte weiße U auf blauem Grund. Und unter der Erde gab es an mehreren Tagen tatsächlich auch einen Kiosk, einen Imbiss, Wartesitze und Live-Musik. Sogar »U-Bahnen« in Form von Videoinstallationen an den Wänden fuhren ein und aus. Die Idee der Künstler rund um Erik Biembacher: »Der freien Szene geht immer mehr Raum verloren. Wir finden, da passt es ganz gut, in den ›Underground‹ zu gehen.« Gute Idee für einen sonst wenig einladenden Ort. Könnte dort öfter »halten«.

Adresse Schlossplatz, 48149 Münster | **ÖPNV** Stadtbus 5, 9, 16, Haltestelle Steinfurter Straße | **Tipp** Auf der anderen Seite, in dem linken der kleinen, rot geziegelten Häuschen finden Studierende den AStA und dort allerlei Unterstützung.

96 Das Umwelthaus

Noch da, bald rausgewachsen?

In die Zumsandestraße reiht sich unauffällig ein kleines, aber feines Haus ein: das Umwelthaus, seit 1996 nach ökologischen Gesichtspunkten von Freiwilligen renoviert und inklusive angeschlossenem Kräutergarten.

Man versteht sich als »Anlaufstelle für Information, Bildung, Austausch und Aktion« und stehe für Einmischung, Beteiligung, Offenheit und Innovation. Eingeladen sind alle Bürger, die sich über Münsters Umweltarbeit und Naturschutz informieren oder in ausgewählten Bereichen selbst engagieren wollen. Das Umwelthaus steht unter der Federführung des »Umweltforums Münster e. V.«, den man sich als Dachverband verschiedenster Umweltgruppen vorstellen kann. Dazu gehören beispielsweise der Allgemeine Deutsche Fahrrad-Club Münster (ADFC), der Naturschutzbund NABU und dessen Naturschutzstation, die lokalen Gruppen vom Bund für Umwelt und Naturschutz Deutschland (BUND) und Greenpeace und viele weitere Vereine und Initiativen. Insgesamt zählt man mehr als 8.000 Mitglieder, die sich zum weit überwiegenden Teil ehrenamtlich engagieren. Aus diesen Gruppen heraus entstehen regelmäßig ökologische und nachhaltige Impulse für die Stadt Münster und darüber hinaus, beispielsweise die Skatenight oder das Stadtteilauto.

Das jetzige Umwelthaus wird den Vereinen und Initiativen von der Stadt Münster zur Verfügung gestellt. Das »Umweltforum Münster e. V.« plant derzeit aber die Neueinrichtung eines modernen Umweltzentrums in zentraler Lage, das UmWelthaus. Es soll weiterhin als Dach für alle gemeinnützigen Initiativen dienen, darüber hinaus jedoch auch Raum bieten für »alles, was grün ist«. Geplant sind auch Miet-, Labor-, Arbeits- und Verkaufsräume, ein eigenes Café und eine Experimentierküche. Dafür reichen die Kapazitäten des jetzigen Umwelthauses mit der Vielzahl seiner grünen Initiativen leider aktuell nicht aus. Man kann das aber auch als gutes Zeichen sehen.

Adresse Zumsandestraße 15, 48145 Münster | ÖPNV zu Fuß vom Bahnhof aus zu erreichen | Öffnungszeiten Mo – Do 9 – 12 Uhr, Do zusätzlich 14 – 17 Uhr | Tipp Von Weitem leuchtet die grüne Bank vor dem Haus und lädt jeden zu einer Pause ein.

97 Das Venner Moor

Münsters erster »Tatort«

Dass der beliebteste »Tatort« Deutschlands um das Ermittlerduo aus Kriminalhauptkommissar Frank Thiel und Rechtsmediziner Prof. Dr. Karl-Friedrich Boerne (gespielt von Axel Prahl und Jan Josef Liefers) aus Münster auch einmal in den Kinderschuhen gesteckt hat, mag man nach über 40 Folgen aus heutiger Sicht kaum glauben. Ihr erster gemeinsamer Einsatz in der bis dahin 511. Ausgabe der ARD-Krimi-Reihe datiert denn auch tatsächlich schon auf den 20. Oktober 2002. In »Der dunkle Fleck« wird ihre erste gemeinsame Leiche an einem Ort entdeckt, der tatsächlich einen gewissen morbiden Charme hat: dem Venner Moor. Nun haben Moorleichen ja eine gewisse TV- und kriminalliterarische Tradition, insofern kann man den »Tatort«-Machern vielleicht vorwerfen, beim ersten Mal in Münster auf Sicherheit gespielt zu haben – aber das Venner Moor produziert wirklich schöne Bilder, nicht nur als Kulisse für Leichenfunde am Sonntagabend.

Wer sich auf den Spuren von Thiel und Boerne, oder auch auf eigene Faust, einmal auf den Weg zum Venner Moor machen will, findet es etwa 12 Kilometer stadtauswärts hinter Hiltrup (schön per Leeze am Wasser entlang oder via Pkw über den Kappenberger Damm) direkt am Dortmund-Ems-Kanal. Es handelt sich bei dem Hochmoor um ein heute noch circa 150 Hektar umfassendes Naturschutzgebiet, das vor Tausenden von Jahren entstand und einstmals mächtige Torfvorkommen enthielt. Durch Entwässerung und Torfabbau in den vergangenen Jahrhunderten ist es um etwa die Hälfte seiner ursprünglichen Größe geschrumpft, der Torf weitgehend verschwunden. Moortypische Flora und Fauna findet sich jedoch immer noch, inklusive üppiger Birken- und Kiefernbewaldung sowie sogenannter Torfstichgewässer. Bleibt zu hoffen, dass keine weiteren Leichen auftauchen. Der Mörder war übrigens … nein, den Fleck lassen wir dunkel, das müssen Sie schon selbst herausfinden.

Adresse Kappenberger Damm 990, 48163 Münster-Amelsbüren | Anfahrt mit dem Auto stadtauswärts via Kappenberger Damm | Tipp Inmitten von Feld und Wald findet sich hier auch die Hotelgaststätte »Venner Moor«.

98 Die Villa ten Hompel

Geschichte – Gewalt – Gewissen

Am 13. Dezember 1999 nahm die Villa ten Hompel ihre Arbeit auf. Forschung und Vermittlung der Geschichte dieses vormaligen »Tatorts des Unrechts« wie auch die »Dienststelle der Wiedergutmachung« finden seither große Anerkennung in der Fachwelt und beim Publikum.

Von 1940 bis 1945 residierte am Kaiser-Wilhelm-Ring der regionale Befehlshaber der Ordnungspolizei. Im NS-Regime trug diese Behörde mit ihren Erlassen, Befehlen und Handlungen erheblich zum Massenmord an Juden, Sinti und Roma bei. Von 1953 bis 1968 war im Gebäude dann die sogenannte Wiedergutmachungsbehörde untergebracht. Dieser authentische »Schreibtischtatort« öffnete seine Pforten als Geschichtsort mit der Erstpräsentation der Wanderausstellung »Verfolgung und Verwaltung. Die wirtschaftliche Ausplünderung der Juden und die westfälischen Finanzbehörden«. Es folgten Dauerausstellungen zur Polizeigeschichte und zur Geschichte der Wiedergutmachung.

»Die Villa ten Hompel ist heute aus dem kulturellen Leben der Stadt Münster und aus dem Geschichtsunterricht unserer Schulen nicht mehr wegzudenken«, resümierte Dr. Andrea Hanke von der Stadt Münster zum Jubiläum die intensive Forschungs- und Vermittlungsarbeit der Fachleute in der Villa. »Rassismus und Antisemitismus sind leider keine Phänomene nur der Vergangenheit«, ergänzt die Stadt Münster. Deshalb arbeite seit Jahren in der Villa ten Hompel ebenfalls ein Team der »Mobilen Beratung gegen Rechtsextremismus im Regierungsbezirk Münster« (mobim) gegen »aktuelle Erscheinungsformen, die nicht nur am ›rechten Rand‹ virulent sind, sondern teils aus der Mitte der Gesellschaft kommen«. Die Villa ist immer wieder auch Etappenziel von Stadtführungen, Ort für Vorträge, Podiumsdiskussionen und Tagungen, kritische Darbietungen in Schauspiel und Lesungen und heißt mittlerweile 33.000 Besucher im Jahr willkommen, darunter fast 200 Schulklassen.

Adresse Kaiser-Wilhelm-Ring 28, 48145 Münster-Mauritz | **ÖPNV** Stadtbus 2, 4, 10, Haltestelle Hohenzollernring Finanzgericht | **Öffnungszeiten** Mo, Mi, Do 18–21 Uhr, Sa und So 14–17 Uhr | **Tipp** In der Nähe befindet sich die Hauptfiliale von »Grün & Form« Keramik.

99_Die Villa Terfloth

Zuckervilla

Eine Villa an der Promenade. Für die meisten Menschen ein unerfüllbarer Wohntraum. Nicht so für Lebensmittelgroßhändler Robert B. Terfloth. Durch die zunehmende Industrialisierung Anfang des 20. Jahrhunderts war er zu einigem Vermögen gelangt, größtenteils durch den Handel mit Zucker. Und hegte offensichtlich den Wunsch nach einem überaus repräsentativen Anwesen an der damals noch neuen Kreuzstraße.

Für das Projekt gewinnen konnte Terfloth den Architekten Alexander Cazin, gebürtiger Münsteraner, der erst einige Jahre zuvor aus den Vereinigten Staaten von Amerika nach Hause zurückgekehrt war. In den USA war er bereits an einigen bedeutsamen Bauprojekten beteiligt und schickte sich seither an, seine Handschrift auch im Stadtbild Münsters zu hinterlassen. Unter anderem zeichnete er bis 1904 bereits für das Haus des Zeitungsverlegers Fahle (Alter Fischmarkt 1) und die Orthopädische Klinik der Hüfferstiftung (sie ist heute als »Hüfferstift« Sitz der Fachhochschule) verantwortlich. Folgen sollten das Verlagshaus Aschendorff und die später abgebrochene Villa Becher. Sein Stil ist beeinflusst durch die amerikanische sogenannte Richardson-Romantik des namengebenden Architekten, der den Stil seiner Zeit in den Staaten mitgeprägt hat. Üblich waren an Europa orientierte romantische Formen, Türme, Rundbögen und großzügige Fenster – der Einfluss auf die Gestaltung der 1905 vom Eigentümer bezogenen »Zuckervilla« ist schwer von der Hand zu weisen.

Gut 20 Jahre waren Terfloth darin noch vergönnt, ehe er 1928 verstarb. Die spätere Insolvenz seines Unternehmens und damit einhergehend der Verlust der Villa blieb ihm dadurch erspart. Seither wechselten die Bewohner des Gebäudes häufig, unter anderem zogen die Musikschule und die Schulpsychologie zeitweise ein. Mittlerweile ist die Zuckervilla in Privatbesitz und erfüllt jemand anderem seinen Wohntraum.

Adresse Am Kreuztor, 48147 Münster | ÖPNV Stadtbus 5, 15, 16, Haltestelle Kreuzschanze | Anfahrt zu Fuß oder mit dem Rad via Promenade | Öffnungszeiten von außen zu betrachten | Tipp In der Nähe an der Promenade ist ein kleiner Wasserfall.

100 Der Wasserturm

2,5 Millionen Liter

Der Wasserturm von Münster ist ein imposantes Gebäude mit einer Höhe von fast 60 Metern und damit deutschlandweit eines der höchsten seiner Art und Zeit. Erstaunlicherweise trägt er damit gar nicht so entscheidend zur städtischen Silhouette bei wie die üblichen Verdächtigen St. Paulus (58 Meter), St. Lamberti (gut 90 Meter) oder gar der weithin sichtbare Fernmeldeturm mit seinen satten 229,5 Metern Höhe. Allgegenwärtig und von vielen Stellen aus gut zu betrachten ist der Wasserturm allerdings im Geistviertel. Noch vor dessen Entstehung wurde er – Anfang des vergangenen Jahrhunderts – auf damals noch freiem Feld errichtet und im Juli des Jahres 1903 in Betrieb genommen. Damit ersetzte er den zwischenzeitlich zum Wassertank umfunktionierten Buddenturm, der mit seinem Fassungsvermögen von 500 Kubikmetern zu klein geworden war. Satte fünfmal so viel kann der neue Wasserturm fassen (für die bessere Vorstellung: das sind sage und schreibe 2,5 Millionen Liter Trinkwasser). Und hat dies bis 2017 auch tatsächlich getan, zudem diente er aufgrund seiner Höhe als eine Art Ventil zum Druckausgleich im Wasserleitungssystem der Stadt. Dass der Turm und damit ein wichtiger Teil der städtischen Wasserversorgung nicht den Bombardements des Zweiten Weltkriegs zum Opfer fiel, war einem Täuschungsmanöver zu verdanken: Man tarnte ihn durch einen falschen Anbau als Kirche.

Wenn man mal einen Abstecher direkt zum Turm macht, wirkt er gleich noch beeindruckender mit seiner neuromantischen Fassade und dem imposanten Zinnenkranz. Wüsste man nicht, um was es sich handelt, man würde eher an eine alte Ritterburg denken.

Und der Turm hat tatsächlich einen Mieter: Die langjährige Betriebswohnung des Hausmeisters hat nach einer Renovierung wieder ein Mitarbeiter der Wasserwerke bezogen. Ob dessen Vormieter unter 2,5 Millionen Litern Wasser gut schlafen konnte, ist nicht überliefert …

Adresse Am Wasserturm 9, 48151 Münster-Geist | ÖPNV Stadtbus 1, 5, 9, Haltestelle Metzer Straße | Öffnungszeiten von außen zu betrachten | Tipp In der Nähe finden Sie den Südpark, unter anderem mit einem Wasserparcours für Kinder.

101 Die Werse

Das dritte Gewässer

Während Aa und Aasee respektive Dortmund-Ems-Kanal und Hafen geradezu um Aufmerksamkeit zu buhlen scheinen, gibt sich in Münster ein drittes Gewässer wesentlich dezenter: die Werse. Es handelt sich dabei um einen knapp 70 Kilometer langen Zufluss der Ems, der sich kreuz und quer durch das Münsterland, nicht zuletzt auch durch Münster selbst schlängelt. Und definitiv einen Ausflug wert ist. Hier haben Sie die Wahl: ein Spaziergang, eine Radtour oder sogar eine Kanufahrt? Alles ist möglich und wunderschön.

Für einen Spaziergang bietet sich der Einstieg kurz hinter der Kanalbrücke an der Warendorfer Straße an. Wer sein Glück versuchen möchte, kann auch eine Angel mitnehmen, er wird hier, außer vielleicht an wirklich sonnigen Sonntagen, sicherlich ein ruhiges Plätzchen finden (ein entsprechender Schein selbstverständlich vorausgesetzt). Eine Radtour kann einen dann auch schon mal etwas weiter führen. Der Werseradweg führt auf über 100 zumeist flachen und gut befahrbaren Kilometern durch den südlichen Kreis Warendorf, oft direkt entlang der Werse, Abstecher in die anliegenden Innenstädte sind natürlich ebenfalls möglich. Münsternah und besonders schön ist der Abschnitt zwischen dem Freibad Stapelskotten (Wolbecker Straße) und der sogenannten Pleister Mühle. Dort kann es, gerade am Wochenende und bei schönem Wetter, allerdings recht voll werden.

Das gilt auch für den Landgasthof Pleister Mühle selbst – eine der ältesten Gaststätten der Region. Das Café bietet Kuchen, Torten und Kaffeespezialitäten, das Restaurant lokale wie internationale Spezialitäten, der Biergarten Deftiges und Erfrischendes für Groß und Klein.

Wer will, riskiert eine Partie Minigolf. Wer noch etwas mehr riskieren möchte, der kann sich vor Ort auch ein Kanu mieten. Womit wir wieder bei den Werse-Ausflugsmöglichkeiten wären. Einzig schwimmen ist nicht zu empfehlen.

Adresse Pleistermühlenweg 196, 48157 Münster-Handorf | ÖPNV Stadtbus 10, 11, 14, Haltestelle Frauenburgstraße | Öffnungszeiten Pleister Mühle Mo, Do–Fr 17–22.30 Uhr, Sa 12–22.30 Uhr, So 22.00–21.30 Uhr | Tipp In der Nähe finden Sie im Herbst ein spannendes Maislabyrinth (www.hof-schwermann-ms.de).

102 Die Westerholtsche Wiese

Befreit den Fluss …

… lautet eines der vielen Zitate aus dem Filmepos »Herr der Ringe«. Nun ging es in Münster zwar nicht um die Flutung Isengards, »Flut« trifft es dennoch ganz gut. Viele Münsteraner dürften sich noch an die eine Nacht im Juli 2014 erinnern, in der es anfing zu regnen – und einfach nicht wieder aufhörte. Die Folgen waren eine kapitale Überflutung weiter Teile der Stadt, eine in der Folge darauf nahezu grenzenlose Solidaritätswelle der Bürgerschaft (ein herzlicher Gruß an meine persönlichen vier Helden der Nacht sei an dieser Stelle gestattet) sowie die Erkenntnis, dass die Stadt Münster ganz dringend ein neues Hochwasserschutzkonzept benötigt. Damit zurück zum Anfang, denn Teil dieses Konzeptes ist tatsächlich die »Befreiung des Flusses« oder wie es die Experten vom Tiefbauamt ausdrücken würden: die Renaturierung der Aa.

Und dies geschah im Laufe des Jahres 2018 unter anderem im Bereich der sogenannten Westerholtschen Wiese in unmittelbarer Promadennähe auf Höhe des Hallenbades Mitte. Wo der kleine Fluss zuvor in ein karges Betonbett gezwängt war, fließt er heute auf einer Länge von über 200 Metern kurvenreich durch ein mit großem Aufwand naturnah umgestaltetes Areal. Mit allem, was das Herz im Frühling und Sommer so begehrt: Wasser, Sand, Rasen, schattige Plätze zum Verweilen im Grünen – und alles über einen kleinen Weg gut zu Fuß und natürlich auch mit der Leeze erreichbar. Und wie die Leute in Münster so sind: Gib ihnen einen Weg zum Wasser und sie werden ihn nutzen! Schnell war die Westerholtsche Wiese kein Geheimtipp mehr, sondern für viele Münsteraner ein neuer Lieblingsplatz mitten in der Innenstadt. Laut Stadt profitieren ebenfalls die Fische, die dort dank zahlreich untergebrachter Holzelemente Unterschlupf finden, womit auch ein Beitrag zur Strukturvielfalt geleistet wird. Und die ersten kleineren Hochwässer hat die Wiese auch schon überstanden.

Adresse beim Hallenbad Mitte, Badestraße 8, 48149 Münster | ÖPNV Stadtbus 14, Haltestelle Goldene Brücke / Aasee | Anfahrt zu Fuß oder mit dem Rad via Promenade erreichbar | Tipp In einem Fragment der ehemaligen Stadtmauer finden Sie dort auch eine eingeschlossene Kanonenkugel.

103 Der Wewerka Pavillon

Ist das Kunst?

Wenn man von der Innenstadt aus gesehen rechtsrum am Aasee entlangschlendert, stolpert man auf Höhe der Torminbrücke über eine eigenartige drahtige Konstruktion, die man unwissenderweise für eine Art Antenne halten würde. Doch weit gefehlt, es handelt sich um die Skulptur »Blickst du hinauf und liest die Worte …« des Künstlers Ilya Kabakov, die im Rahmen der 1997er Skulptur-Projekte entstand. Obgleich die Intention des Künstlers eine andere war (In der Installation ist eine Botschaft versteckt, aber die müssen Sie schon selbst finden!), entdeckt man, wenn man hier tatsächlich aufblickt, im Hintergrund einen Flachbau aus Glas und Metall: den Wewerka Pavillon.

Dieser ist ein permanenter Ausstellungsraum der Kunstakademie Münster, gleichermaßen getragen von der Stadt Münster und der Hochschule selbst. Er gilt deshalb auch als »Exempel für die kulturelle Vielfalt und Offenheit der Stadt sowie für die Zusammenarbeit zwischen Stadt und Kunstakademie«. Ursprünglich wurde der Pavillon bereits im Jahr 1987 vom namensgebenden Künstler Stefan Wewerka für die documenta 8 in Kassel entworfen. Seit 1989 steht er als dauerhafte Leihgabe des Eigentümers auf der Wiese am Aasee in Münster.

Die Idee ist die einer Art überdimensionalen, gläsernen Vitrine, die als Ausstellungsraum für Kunstwerke dienen soll, die so offen zu allen Seiten zur Schau gestellt werden können.

Gleichzeitig kann der Pavillon seinerseits selbst als Skulptur verstanden und betrachtet werden. In der offiziellen Beschreibung wird beispielsweise die Lesart als »Flugobjekt oder ein alptraumhaft riesiges Insekt, das gerade auf der Erde gelandet ist oder im Begriff ist, in jedem Moment loszufliegen« angeregt. Mithin der Wewerka Pavillon also Ausstellungsort und Ausstellungsstück in einem sei. Und so die ungezwungene Begegnung zwischen Kunst und Bürgern ermöglicht.

Adresse Aasee-Uferweg, 48143 Münster | **ÖPNV** Stadtbus 2, 4, 10, Haltestelle Bismarckallee | **Öffnungszeiten** rund um die Uhr einsehbar | **Tipp** In der Nähe befindet sich das Hotel Mövenpick.

104 Der Wienburgpark

Für alle

Stadt und Natur liegen in Münster stets nah beieinander. So auch im Norden. Hier befindet sich das zugegebenermaßen tolle Kreuzviertel, über das der ehemalige Oberbürgermeister Berthold Tillmann einmal gesagt hat, es gebe »zwei Sorten von Menschen in Münster: Die einen leben im Kreuzviertel, die andern wollen hier leben.« Es grenzt ebenfalls an viel Grün, den Stadtpark Wienburg, auch Nordpark genannt. Eigentlich sagt aber jeder: Wienburgpark.

Er füllt die Lücke zwischen eben dem X-Viertel, Kinderhaus, dem Zentrum Nord und dem (no offense!) relativ unspektakulären Stadtteil Uppenberg. Mit Natur und Leben. Benannt ist er nach dem Haus Wienburg, einem ehemaligen Gutshof, welcher heute in mehrfach renovierter Form und mit zehn der ehemals zwölf Skulpturen im Garten (erkennen Sie darin einen Kalender?) als Gaststätte auf einen Besuch einlädt. Die meisten bevorzugen allerdings ein Picknick, und der Park bietet dafür sowohl Licht als auch Schatten. Positiv gemeint. Abseits der Wege kann man sich im ausdrücklich nicht als Naturschutzgebiet gekennzeichneten Areal im wahrsten Sinne zur Ruhe setzen. Die zahlreichen nichtmenschlichen Bewohner lässt man trotzdem besser in Ruhe. Schön für Familien: Die Kinder finden hier einen 6.000 Quadratmeter großen Spielplatz mit all dem coolen Zeug, das anderswo nicht zugelassen ist. Und abgesehen davon ist der komplette Park auch eine Freilauffläche für Hunde.

Apropos Freilauf: Jeden Samstag um 9 Uhr am Morgen findet hier der sogenannte »parkrun« statt, ein »kostenloser, unterhaltsamer und fröhlicher wöchentlicher 5-Kilometer-Gemeinschaftslauf«, zu dem jeder herzlich eingeladen ist.

Und wenn doch nicht alle in der Familie Lust auf Frühsport am Wochenende haben – egal! Man kann auch von der Picknickdecke aus zuschauen, während die Kinder spielen, die Hunde rumrennen …

Adresse Kanalstraße 237, 48147 Münster | ÖPNV Stadtbus 6, 8, Haltestelle Kanalstraße | Öffnungszeiten rund um die Uhr zugänglich | Tipp Im Wienburgpark finden Sie auch den beliebten Schilfsee.

105 Der WildnisWerkstatt-Garten

Gemeinsam glücklich verwildern

An der Gasselstiege, auf dem Gelände des Naturlandhofs »lütke Jüdefeld«, findet sich inmitten der Stadt ein besonders naturnaher Ort: der WildnisWerkstatt-Garten. Gegründet wurde das Projekt im Jahr 2008 von einem Team rund um die Naturpädagogen Annika und Olaf Bader.

Die Idee war, unter dem Motto »gemeinsam glücklich verwildern« in Münster einen Ort zu schaffen, an dem Natur auch in der Stadt noch intensiv erlebt werden kann. Auf dem 2.500 Quadratmeter großen Gelände, versteckt hinter einer Weidenhecke, finden sich seitdem Wiesenflächen, Obstbäume, eine Lehmgrube, Weidenbauten, ein Baumhaus, eine Jurte, viele Spielflächen sowie mehrere Feuerstellen zum gemütlichen Beisammensein. Zudem gibt es ein Bienenquartier, und auch viele andere Tiere und Pflanzen fühlen sich dort mittlerweile heimisch. Genutzt wird das Areal gleichermaßen von Groß und Klein vor allem für Veranstaltungen wie Fortbildungen, zudem können dort Kindergeburtstage gefeiert werden, und es gibt auch die Möglichkeit zum Besuch von Ferienprogrammen. Betont werden soll dabei stets »die untrennbare Gemeinschaft und Verbindung von Mensch und Natur« und die Idee von »Tieren, Pflanzen und Elementen als Lehrmeister*innen«.

Die Veranstaltungen sind dabei ausgesprochen vielfältig. Regelmäßig findet beispielsweise der »Kräuterkreis« für Erwachsene statt, in dem die Pflanzen vor der Haustür wie Löwenzahn, Schafgarbe und Brennnessel kennengelernt werden können. Kinder ab zehn Jahren lernen in der »alten Schule der Wildnis« alles über das Älterwerden in der Natur – inklusive der Anleitung zum Anfachen eines eigenen Lagerfeuers. Interessierte Besucher sind zudem jedes Jahr im Frühling beim Tag der offenen Tür sowie beim Familienumweltfest am ersten Sonntag nach den Sommerferien eingeladen.

Adresse Koburger Weg 42, 48159 Münster-Wienburg | **ÖPNV** Stadtbus 6, 8, Haltestelle Dreizehnerstraße | **Öffnungszeiten** rund um die Uhr geöffnet | **Tipp** Auf dem Gelände können Sie auch im Bioladen »Slickertann inner Schoppe« wild einkaufen.

106 Wilsbergs Antiquariat

Ein Laden, zwei Chefs

Wüsste man es nicht besser, würde man vermutlich vorbeigehen, wenn man vom Dom aus kommend in Richtung Schlossplatz oder Kuhviertel an der Überwasserkirche entlangschlendert. Doch es ist schon auffällig: Immer wieder bleiben Besucher vor dem kleinen und eigentlich unscheinbaren Ladengeschäft in der Frauenstraße 49/50 stehen, tuscheln kurz, gehen dann langsam näher und drücken sich die Nase am Schaufenster des »Antiquariats Solder« platt, das tatsächlich genau das ist: ein Antiquariat. Und zwar ein – passend zum Portfolio – recht altmodisches. Holzdielen und -regale, bis unter die Decke gefüllt mit alten, mindestens für Liebhaber und Sammler ausgesprochen wertvollen Büchern, vom Eindruck her auch insgesamt etwas angestaubt.

Was die Passanten ahnen und Eingeweihte wissen: Etwa zweimal im Jahr wurde aus dem unscheinbaren »Antiquariat Solder« für vier Tage das deutschlandweit bekannte »Antiquariat Wilsberg«, einer der Hauptdrehorte der beliebten ZDF-Krimiserie »Wilsberg«. Dann machte der Chef Michael Solder für ein paar Tage Platz für Leonard Lansink in dessen Paraderolle als schrulliger Privatdetektiv, Rita Russek und Roland Jankowsy wurden zum Dreamteam Anna und Overbeck, und Oliver Korritkes Ekki geriet zuverlässig immer wieder in Schwierigkeiten. Mit ihnen fiel in Münster eine rund 50-köpfige Filmcrew ein, im Gepäck modernste Technik.

Als vor über 20 Jahren die Anfrage vom ZDF kam, wollte Solder zunächst ablehnen, aus Angst um seine Bücher, mittlerweile ist er großer Fan und stolz darauf, dass sein Laden in fast jeder Folge auftaucht, innen wie außen. Auch wenn aus den vier Tagen am Ende meist wieder nur ein paar Minuten geworden sind. Die übrigens dann noch nicht mal alle von dort stammen müssen, denn die gemütliche Wohnküche hinter dem Vorhang existiert in echt gar nicht. Aber man soll ja auch nicht alles glauben, was im Fernsehen gezeigt wird.

Adresse Frauenstraße 49, 48143 Münster | ÖPNV Stadtbus 5, 15, 16, Haltestelle Kuhviertel Rosenplatz | Öffnungszeiten Mo – Fr 14 – 18 Uhr, Sa 11 – 14 Uhr | Tipp In der Nähe finden Sie den Weltladen »la tienda«.

107 Der Wolbecker Tiergarten

Wenn Bäume erzählen könnten

Wer mit der Vorstellung eines Wildparks beim Wolbecker Tiergarten ankommt, wird auf den ersten Blick möglicherweise enttäuscht sein. Auf den zweiten jedoch sicherlich nicht, denn an Bewohnern mangelt es dem im Südosten von Münster gelegenen Naturschutzgebiet bei Weitem nicht. Nur dass jene eben keine Stallungen, Gehege, Aquarien oder schlimmstenfalls gar Käfige benötigen – die 288 Hektar des Wolbecker Tiergartens, unterteilt in Nord und Süd durch die durchfließende Angel, sind schlicht ihr natürlicher Lebensraum.

Auszug gefällig? Mittelspechte, Kammmolche, Wespenbussarde, Feuersalamander, Königslibellen, Waldkäuze, Totholzkäfer, Eisvögel, Kaisermantel und Rosenkäfer, Fledermäuse, Moose und Pilze … sie bewohnen neben dem Flüsschen Angel teils sehr alte Buchen- und Eichenwälder, der älteste Baum soll sage und schreibe 300 Jahre alt sein.

Dass der Wolbecker Tiergarten zu den ältesten Wäldern Westfalens gehört, mag sich auch nicht auf den ersten Blick erschließen: Überliefert ist aber, dass er bereits im Mittelalter beliebtes Jagdrevier der hiesigen Fürstbischöfe war. Im Jahre 1815 wurde der Wald dann – man würde heute wohl sagen verstaatlicht, fiel 1946 an Nordrhein-Westfalen und wird seither neben der Naherholung auch zur sogenannten »naturnahen Waldbewirtschaftung« genutzt. Teile des Baumbestands werden hierbei gar nicht mehr angefasst, wodurch Besucher wie Wissenschaftler beobachten können, wie sich ein sich gänzlich selbst überlassener Wald entwickelt.

Man kann sich im Wolbecker Tiergarten einen frühlingshaften oder auch herbstlichen Nachmittag lang einfach treiben lassen und die Natur in sich aufsaugen, keine Frage. Wer dabei noch etwas lernen will, kann sich allerdings auch auf einen eigens angelegten Naturlehrpfad begeben. Und wer dabei genau lauscht, dem erzählt vielleicht der eine oder andere Baum seine lange Geschichte.

Adresse Tiergarten 1, 48167 Münster-Wolbeck | ÖPNV R22, Haltestelle Am Tiergarten | Öffnungszeiten rund um die Uhr | Tipp In der Nähe findet sich die Hundepension »Gut Fronhof«.

108 Die Zentralmoschee

Dialog und Freundschaft

Wenn man in Münster am Bahnhof aussteigt, kann man schon die Kuppel und das Minarett sehen. Verlässt man ihn auf der Rückseite (siehe Ort 12, Bremer Platz), findet man sie gleich um die Ecke: die Zentralmoschee Münster (türkisch: DİTİB Münster Merkez Camii).

Sie ist die Hauptmoschee der türkischen Muslime in der Stadt und wurde in dieser Form – mit Kuppel und Turm – im Jahr 2009 errichtet. Das Kuppeldach symbolisiert für die Gläubigen, die endlich nicht mehr im eng gewordenen Keller beten müssen, den freien Himmel. Das Gebäude umfasst vier Geschosse und neben dem aufwendig gestalteten, weiß gestrichenen und mit Fliesen und türkischen Motiven verzierten Betsaal, in dem circa 300 Menschen Platz finden, und dem Turm – auf dem in Münster wiederum nicht gebetet wird – auch Räume für Tagungen. Die Kosten für die Umbauarbeiten unter der Federführung des Münsteraner Architekten Architekt Akif Kahveci betrugen circa 500.000 Euro, die überwiegend aus Spendengeldern stammten. Die Grundsteinlegung erfolgte Anfang 2009, und schon im Dezember des gleichen Jahres konnte in der Moschee das erste Freitagsgebet stattfinden. Die offizielle Eröffnung erfolgte im Mai des darauffolgenden Jahres. Seitdem steht die Moschee in Münster, für Anreisende sichtbar, für das kulturelle Miteinander in der Stadt.

»Sich in einer Moschee über den Islam informieren – dieses Angebot für alle Nichtmuslime bietet die DITIB-Zentralmoschee in Münster am Bremer Platz an«, lautet die freundliche Einladung an alle Interessierten. Während des Besuchs soll islamische Architekturkunst gezeigt und muslimisches Leben in Deutschland nähergebracht werden. Vorurteile abbauen und Gemeinsamkeiten entdecken steht dabei genauso auf dem Programm wie die Steigerung gegenseitiger Wertschätzung. So soll ein Perspektivwechsel ermöglicht und Dialoge und Freundschaften gefördert werden. Um Anmeldung wird gebeten.

Adresse Bremer Platz 42, 48155 Münster | ÖPNV hinter dem Bahnhof | Öffnungszeiten Führungen nach Anmeldung, www.ditib.de | Tipp Zahlreiche orientalische Spezialitäten und Fast Food gibt es in der Straße und direkt links um die Ecke.

109 Die Ziege

Kleinste Kneipe der Welt?

Ob die »Ziege« wirklich die kleinste Kneipe der Welt ist, sei dahingestellt. Geworben wird damit, in jedem Fall die kleinste Kneipe Münsters zu sein, in der »auf gerade einmal 25 Quadratmetern gefeiert und geklönt wird«, denn »Gemütlichkeit ist die oberste Devise«. Weniger ginge auch gar nicht, denn ebendiese 25 Quadratmeter sind laut Gewerbeaufsicht das vorgeschriebene Minimum für Gaststätten dieser Art.

Überschaubar ist es in dem von Eigentümer Jürgen Röttger als »kaum größer als ein Kleiderschrank« beschriebenen Etablissement. Im Gegensatz zur bewegten Geschichte der »Ziege« selbst. Denn dass es zu diesem Namen überhaupt gekommen ist, verdankt der Laden rund um Röttger und sein Team der in den späten 1960er und frühen 1970er Jahren geplanten Verlegung des alten Landois-Zoos von der Promenade an den heutigen Standort an der Sentruper Höhe – in einem wohl etwas kungeligen Deal zwischen den damaligen Stadtvätern Münsters und der Westdeutschen Landesbank. Prompt wurde (so die Legende) die heutige Ziege zum Ort des Protests. Denn die beiden damaligen Zoodirektoren waren vehement gegen die Verlegung und haben genau hier für Tage tatsächlich zwei Ziegen wohnen lassen, von der Straße aus für jedermann sicht- und hörbar. Hinzu kam neben deren Gemecker wohl auch das aller Beteiligten in dem Streit. Genützt hat es nichts, der Zoo wurde verlegt, auch die Ziegen zogen um, doch der Name blieb erhalten. Bis heute, wo die »Ziege« sich einreiht in die von studentischen Besuchern geprägte Gastro-Szene des Kuhviertels und indes auch von »alten Haudegen« noch gern aufgesucht wird. Die können dem Jungvolk dann erzählen, woher die ungezählten kleinen Schnapsflaschen in den Glasvitrinen stammen.

Das Essen kommt, mangels Platz für eine eigene Küche, übrigens aus der »Cavete« nebenan. Besondere Empfehlung natürlich: der Salat mit Ziegenkäse.

Adresse Kreuzstraße 33/34, 48143 Münster | ÖPNV Stadtbus 5, 15, 16, Haltestelle Kuhviertel Rosenplatz | Öffnungszeiten täglich ab 18 Uhr, Küche So–Do bis 23 Uhr, Fr und Sa bis 24 Uhr | Tipp In der Nähe erleben Sie im »Chez Koslowski« ein besonderes Einkaufserlebnis rund um Papeterie und Schischi.

110 Zwei Pferde für Münster

Blaue Stunde

Wer über den Kolde-Ring in Richtung Weseler Straße fährt, kommt direkt an ihnen vorbei: Vor dem Gebäude des Landwirtschaftlichen Versicherungsvereins Münster (LVM) stehen die »Zwei Pferde für Münster«, so der Name der Skulptur. Erstellt hat sie der Münchner Künstler Stephan Huber, 2002 wurden sie an den LVM übergeben und am 24. Oktober von den damaligen Vorstandsmitgliedern Jochen Herwig, Ulrich Greim-Kuczewski und Klaus Michel feierlich enthüllt.

Es handelt sich dabei um zwei Objekte, von der Straße aus ist allerdings zunächst nur das eine, wenn man so will trabend den Verkehr begleitende Pferd ersichtlich. Erst auf den zweiten Blick erkennt man dahinter das zweite, sich aufbäumende Tier. Beide befinden sich in vier Meter langen und circa drei Meter hohen Glascontainern, passend zur Architektur des LVM-Gebäudes. Die Installationen bestehen aus Neonröhren, Edelstahlseilen und -halterungen sowie Transformatoren zur Stromversorgung. Der Künstler hat die Objekte zunächst klassisch per Hand modelliert, dann computertomografisch abgetastet und – wie in der Medizintechnik – in horizontale Schnitte zerlegt, um hieraus die Konstruktion der eigentlichen Skulpturen zu ermöglichen. Ein Verfahren, bei dem, so Professor Dr. Manfred Schnekenburger in seiner Rede zur Übergabe, beides teilhabe, »die urtümlich formende, knetende Hand und ein supermoderner digitaler Transfer«.

Das Besondere ist, dass die Pferde selbst gar nicht physisch vorhanden sind, sondern, ähnlich einem Drahtgeflecht, lediglich aus den verwobenen Neonröhren bestehen. Erst durch die blaue Beleuchtung entsteht der Eindruck von Körperlichkeit und Bewegung, der bei zunehmender Dunkelheit immer intensiver wird, zumal sich die Pferde in den Scheiben mehrfach widerspiegeln. So sind die »Zwei Pferde für Münster« denn auch ein beliebter Anlaufpunkt bei abendlichen Stadt- und Skulpturführungen.

Adresse Kolde-Ring 21, 48151 Münster-Aaseestadt | ÖPNV Stadtbus 7, 15, 16, Haltestelle Kolde-Ring/LVM | Öffnungszeiten jederzeit | Tipp In unmittelbarer Nähe findet sich das Stadtteilzentrum »Aaseemarkt« mit vielen Einkaufsmöglichkeiten, einer Bücherei und einem Spielplatz.

111 Der Zwinger

Damals und heute

Nicht nur Dresden hat einen Zwinger. Auf den ersten Blick ist der in Münster, zugegeben, nicht mal ansatzweise so imposant und auch kaum vergleichbar. Dennoch ist das Gebäude, gelegen an der Promenade in Höhe der Lotharingerstraße, von außen betrachtet noch immer imposant. Und blickt auf eine wechselvolle, teils alles andere als ruhmvolle Historie zurück.

Im frühen 16. Jahrhundert errichtet, war der Zwinger als Bollwerk zunächst ein Teil der Verteidigungsanlagen der Stadt. In späteren Zeiten diente er unter anderem als Mühle, Pulverlager und Gefängnis, wobei die Umgestaltung zum Zuchthaus in den Jahren 1732 bis 1734 sogar tatsächlich durch den berühmten Barockbaumeister Johann Conrad Schlaun erfolgte. Bereits im Jahr 1911 wurde der Zwinger dann von der Stadt Münster erworben – zum kolportierten Preis von 130.000 Reichsmark und mit der Auflage seiner dauerhaften Erhaltung. Er diente dann als Künstlerherberge und Atelier, bis er von den Nationalsozialisten in Beschlag genommen wurde. Zunächst noch als Kulturheim der Hitlerjugend, später – bis zu seiner teilweisen Zerstörung gegen Ende des Zweiten Weltkrieges – als Folter- und Exekutionsstätte von Zwangsarbeitern und Kriegsgefangenen durch die Gestapo. Nach mehrmaligen Wiederaufbauversuchen gastierten im Zwinger 1987 dann die Skulptur-Projekte mit der Installation »Das gegenläufige Konzert« von Rebecca Horn.

Seit seiner neuerlichen Restaurierung zwischen 1995 bis 1997 und einer Überarbeitung des Kunstwerks von Horn ist er Mahnmal für die Opfer der Gewalt. Das Stadtmuseum stellt von April bis Oktober immer am ersten Sonntag des Monats die Geschichte des Wehrturms periodisch in den sogenannten »Sonntagsführungen«, beginnend im Stadtmuseum, vor. Am dritten Donnerstag im Monat finden in dem Zeitraum zudem atmosphärisch dichte Taschenlampenführungen mit Start direkt am Zwinger statt.

Adresse Promenade, 48147 Münster | ÖPNV Stadtbus 1, 4, 10, Haltestelle Eisenbahnstraße | Anfahrt zu Fuß oder mit dem Rad via Promenade | Öffnungszeiten von außen zu betrachten, Besichtigungen Juni–Sept. So 14–18 Uhr, Führungen sind möglich, www.stadt-muenster.de/museum/museum/zwinger | Tipp In der Nähe findet sich das Lotharinger Kloster mit dem Standesamt.

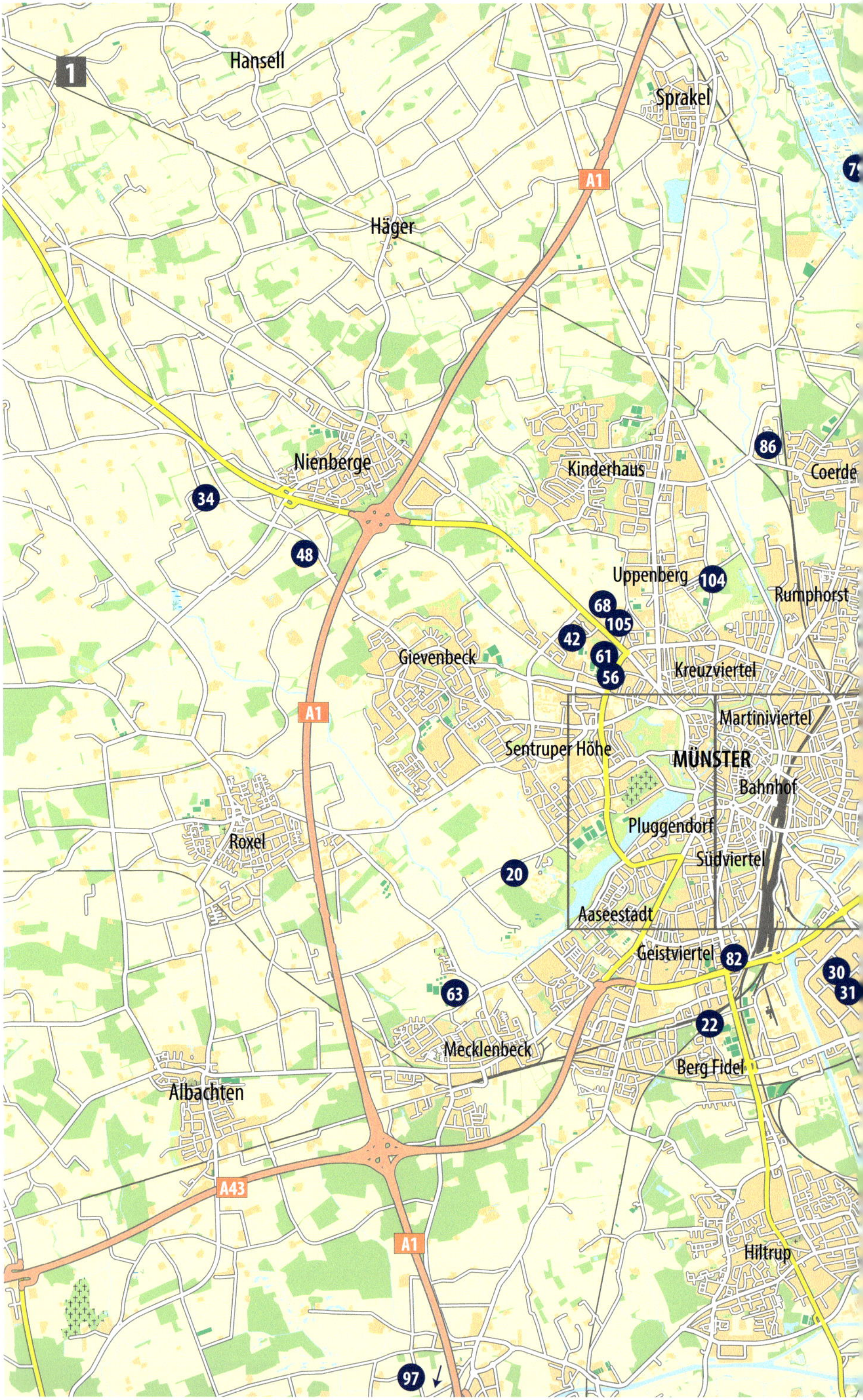
1
Hansell
Sprakel
A1
Häger
Nienberge
Kinderhaus
86
Coerde
34
48
Uppenberg
104
Rumphorst
68
105
42
61
Gievenbeck
Kreuzviertel
56
A1
Martiniviertel
Sentruper Höhe
MÜNSTER
Bahnhof
Roxel
Pluggendorf
Südviertel
20
Aaseestadt
Geistviertel
82
30
31
63
22
Mecklenbeck
Berg Fidel
Albachten
A43
A1
Hiltrup
97

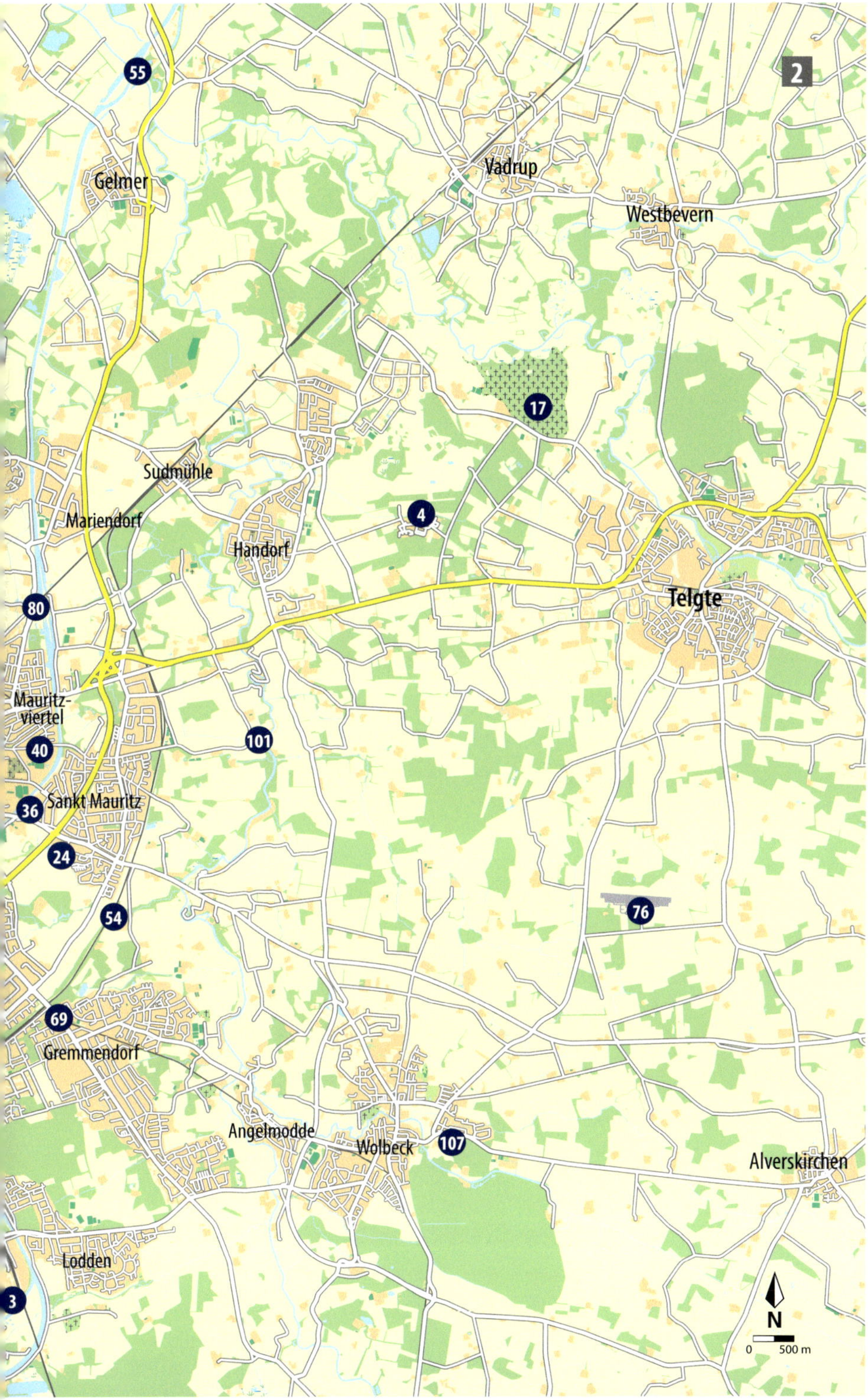

2
55
Gelmer
Vadrup
Westbevern
17
Sudmühle
Mariendorf
4
Handorf
80
Telgte
Mauritz-
viertel
40
101
36
Sankt Mauritz
24
54
76
69
Gremmendorf
Angelmodde
Wolbeck
107
Alverskirchen
Lodden
3
N
0
500 m

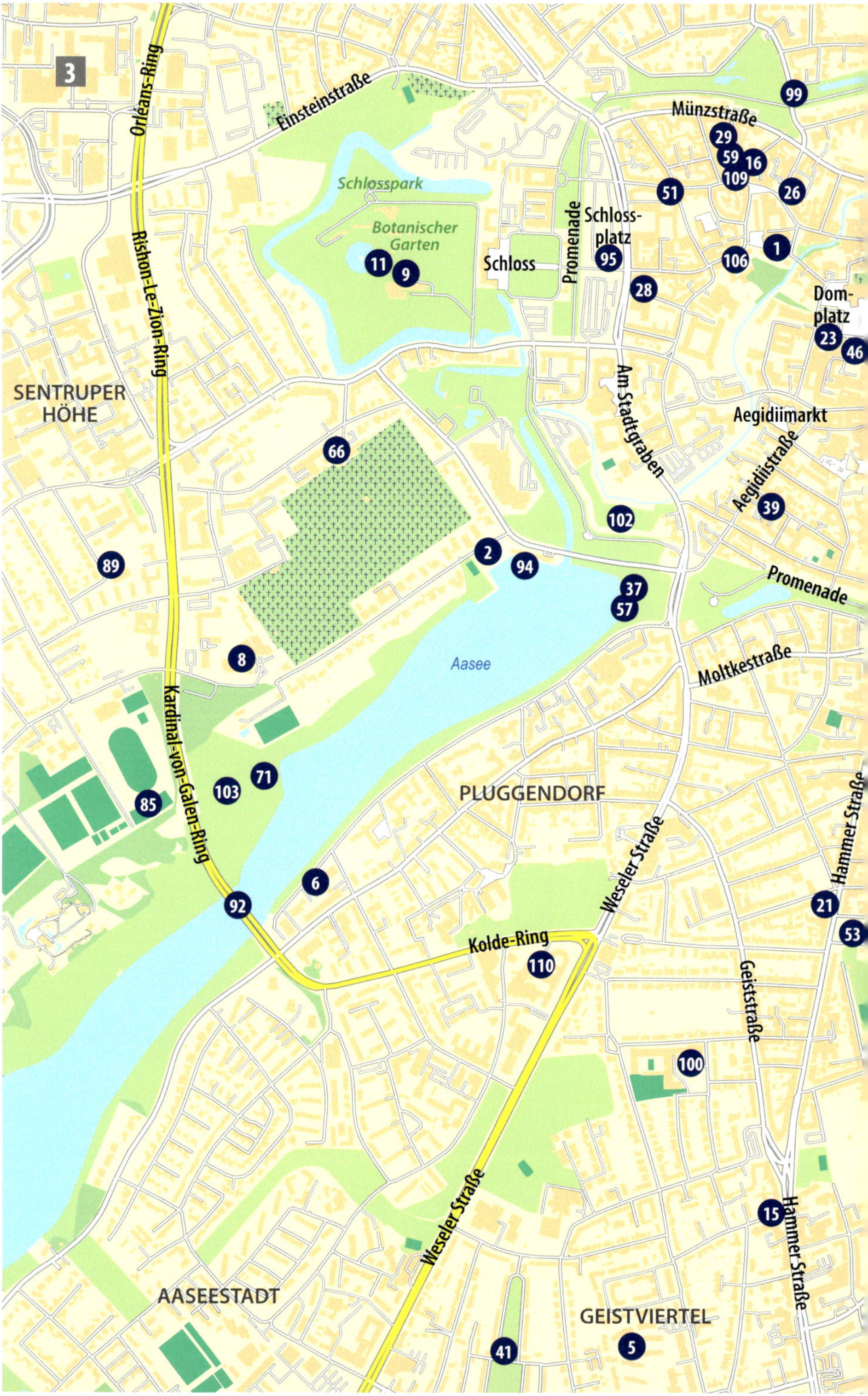
3
Orléans-Ring
Einsteinstraße
Münzstraße
Schlosspark
Botanischer Garten
Schloss
Promenade
Schloss-platz
Domplatz
Rishon-Le-Zion-Ring
SENTRUPER HÖHE
Am Stadtgraben
Aegidiimarkt
Aegidiistraße
Promenade
Aasee
Moltkestraße
Kardinal-von-Galen-Ring
PLUGGENDORF
Weseler Straße
Hammer Straße
Kolde-Ring
Geiststraße
Weseler Straße
Hammer Straße
AASEESTADT
GEISTVIERTEL
99
29
59
16
109
51
26
1
106
95
28
11
9
23
46
66
39
102
2
94
37
57
89
8
71
103
85
6
92
21
53
110
100
15
41
5

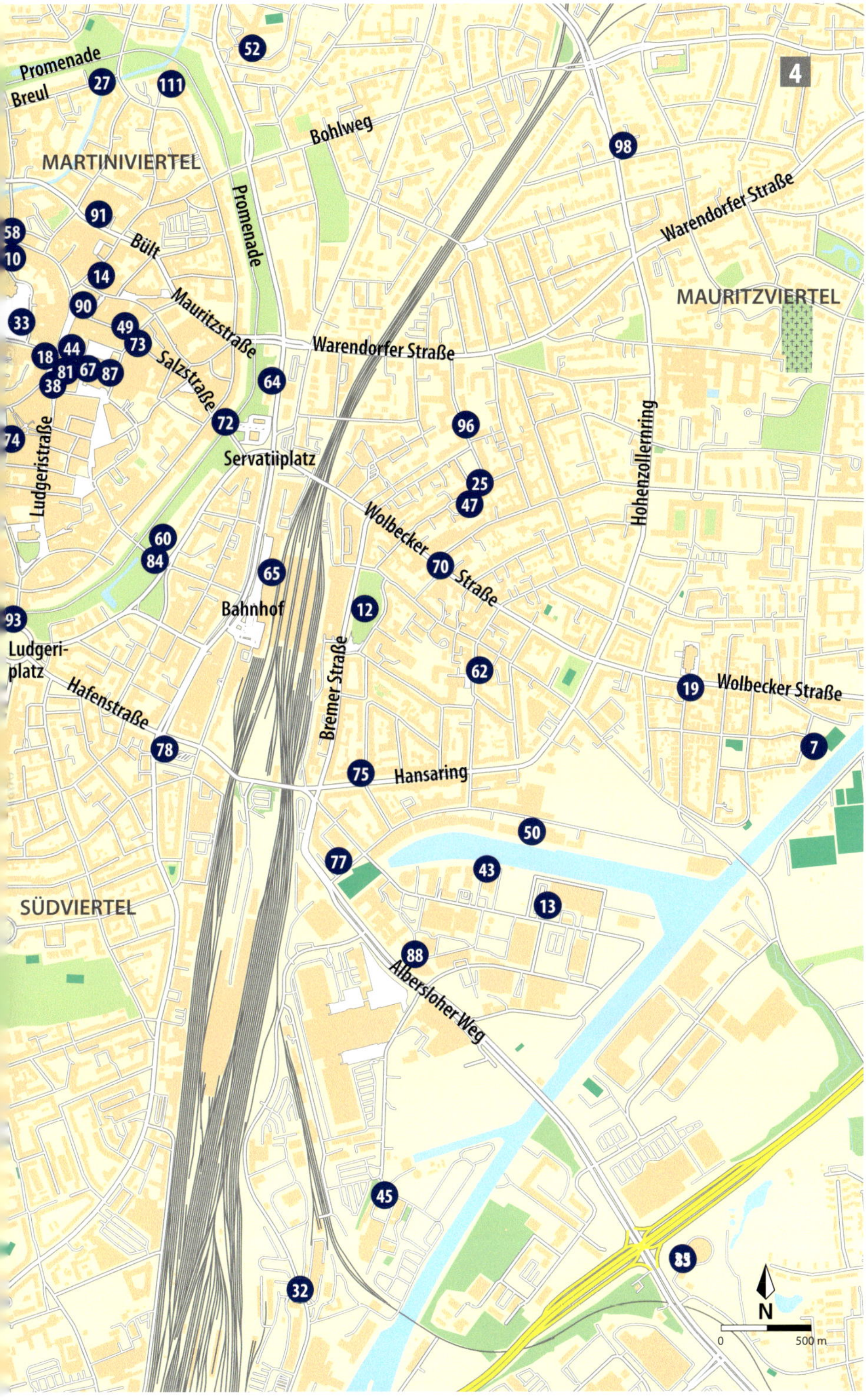
4
Promenade
Breul
MARTINIVIERTEL
Bohlweg
Promenade
Bült
Mauritzstraße
Salzstraße
Warendorfer Straße
Warendorfer Straße
MAURITZVIERTEL
Servatiiplatz
Ludgeristraße
Wolbecker Straße
Hohenzollernring
Bahnhof
Bremer Straße
Ludgeri-
platz
Hafenstraße
Wolbecker Straße
Hansaring
SÜDVIERTEL
Albersloher Weg
N
0
500 m
52
27
111
98
91
58
10
14
90
33
49
73
18
44
81
67
87
38
64
72
96
74
25
47
60
84
70
65
12
93
62
19
7
78
75
50
77
43
13
88
45
32

Paul Stänner
111 Orte im Münsterland, die man gesehen haben muss
ISBN 978-3-7408-1833-3

Daniel Robbel, Dirk Unschuld
111 Orte im Ahrtal, die man gesehen haben muss
ISBN 978-3-7408-1982-8

Peter Eickhoff
111 Orte am Niederrhein, die man gesehen haben muss
ISBN 978-3-7408-1802-9

Jens Burmeister
111 Orte am Mittelrhein, die man gesehen haben muss
ISBN 978-3-7408-1745-9

Martin Nusch
111 Mal mit WDR 2 raus in den Westen
ISBN 978-3-7408-1962-0

Dina Knorr
111 Orte im Sauerland, die man gesehen haben muss
ISBN 978-3-7408-1509-7

Fabian Pasalk
111 Orte im Ruhrgebiet, die man gesehen haben muss
ISBN 978-3-7408-1853-1

Fabian Pasalk
111 Orte in Wuppertal, die man gesehen haben muss
ISBN 978-3-7408-1854-8

Alexandra Schlennstedt, Jobst Schlennstedt
111 Orte in Bielefeld, die man gesehen haben muss
ISBN 978-3-7408-1653-7

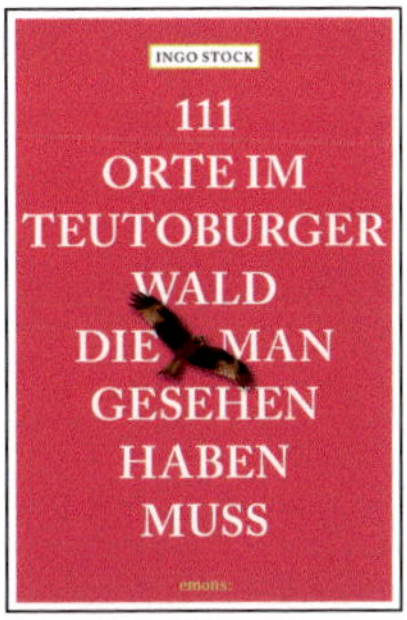

Ingo Stock
111 Orte im Teutoburger Wald, die man gesehen haben muss
ISBN 978-3-7408-1715-2

Ralf Koss, Stefanie Kuhne
111 Orte im Bergischen Land, die man gesehen haben muss
ISBN 978-3-7408-1673-5

Martin Nusch
111 Mal mit WDR 2 raus in den Westen, Band 2
ISBN 978-3-7408-1465-6

Eckhard Heck
111 Orte in Bonn, die man gesehen haben muss
ISBN 978-3-7408-1418-2

Daniel Robbel, Horst Hohn
111 Orte im Westerwald, die man gesehen haben muss
ISBN 978-3-7408-1229-4

Ursula Gilbert, Michael Klein
111 Orte im Siebengebirge, die man gesehen haben muss
ISBN 978-3-7408-1871-5

Jörn Heller
111 Orte in Siegen-Wittgenstein, die man gesehen haben muss
ISBN 978-3-7408-0976-8

Peter Eickhoff
111 Orte in Düsseldorf, die man gesehen haben muss
ISBN 978-3-7408-0986-7

Rüdiger Liedtke
111 Heilige im Rheinland, die man kennen muss
ISBN 978-3-7408-0886-0

Stephanie Katerle
111 Orte in Paderborn, die man gesehen haben muss
ISBN 978-3-7408-0645-3

Ralf Koss
111 Orte in Dortmund, die man gesehen haben muss
ISBN 978-3-7408-0649-1

Garnet Manecke, Vera Anders
111 Orte in Mönchengladbach, die man gesehen haben muss
ISBN 978-3-7408-0606-4

Bernd Imgrund
111 Orte in der Eifel, die man gesehen haben muss
ISBN 978-3-7408-1677-3

Bernd Imgrund
111 Orte in der Eifel, die man gesehen haben muss, Band 2
ISBN 978-3-7408-0552-4

Markus Danner
111 Orte in Leverkusen, die man gesehen haben muss
ISBN 978-3-95451-849-4

Alexandra Schlennstedt, Jobst Schlennstedt
111 Orte in Ostwestfalen-Lippe, die man gesehen haben muss
ISBN 978-3-7408-1648-3

Dorothee Fleischmann, Carolina Kalvelage
111 Orte im Weserbergland, die man gesehen haben muss
ISBN 978-3-7408-1511-0

Ingo Stock
111 Orte auf Spiekeroog, die man gesehen haben muss
ISBN 978-3-7408-0888-4

MUSEUM FÜR LACKKUNST

Eine Einrichtung der BASF Coatings GmbH

WWW.MUSEUM-FUER-LACKKUNST.DE

BONBONNIERE

Die Bonbonniere gehört zu einer Gruppe von Objekten aus den Werkstätten der Brüder Martin: die so genannten Vernis Martin, die mit flächendeckendem, in Ölfarben aufgebrachtem farbdeckenden Dekor die französische Malerei des Rokoko im Miniaturformat wiedergeben. Sie zeigt eine mythologische Szene nach einer unbekannten Gemäldevorlage.

Papiermaché mit Schwarzlackbeschichtung und Dekor in Ölfarben, abschließend mit Klarlack überfangen; Montierung aus zweifarbigem Gold; Futter aus Schildpatt; Frankreich (Paris), Mitte 18. Jahrhundert

MUSEUM FÜR LACKKUNST

Windthorststraße 26
48143 Münster | Deutschland
Telefon: +49.251.41851-0

ÖFFNUNGSZEITEN

Mittwochs bis Sonntags
12.00 bis 18.00 Uhr

www.facebook.com/Museum.fuer.Lackkunst

Henrik Grotjahn ist in der Nähe von Bielefeld aufgewachsen und behauptet steif und fest, dort mehrmals persönlich gewesen zu sein. Zum Studium Anfang des Jahrtausends (was mit Medien) kam er dann aber endlich nach Münster. Seither arbeitet er (was mit Medien) in der Stadt mit dem tollen Markt vor dem Dom, dem er sogar schon ein eigenes Buch gewidmet hat.